あなたの「タイャツ」に気づく場所。HANEDA

JN079685

 10年連続
5スターエアポート

航空統計要覧

2023年版

発行　一般財団法人　日本航空協会

航空統計要覧の休刊に関するお知らせ

　平素は、当協会発行「航空統計要覧」をご購読いただきありがとうございます。

　本書は、当協会が公共事業の一環として 1979年に初版を発行して以来、世界の民間航空に関する航空データブックとして毎年発行してまいりました。

　本書の諸表は主に ICAO、IATA、ACI（Airports Council International）の資料に基づき、国内の諸表は各航空事業者にご提供いただきました資料と国土交通省が公表しています統計データに基づいて作成しました。

　近年、インターネットの普及に伴って紙媒体による情報提供の有効性が薄れており、購読者数が著しく減少していることや諸表の作成に用いています一部データが取得できなくなっていること、コロナ禍以降の国際機関からのデータ配信の遅延による発行時期の不安定化など、諸般の事情に鑑みまして、2023年版をもって休刊することといたしましたので、お知らせいたします。

　創刊から第43版まで、ご支援・ご協力を賜りましたことを心から感謝申し上げます

　休刊に際して、各データの参照元のインターネットアドレス、或いは、参照した書籍を記載しておりますので、ご参照ください。

　この版を刊行するにあたり、ご協力をいただきました関係の皆さまに心から感謝申し上げます。

2024年 3 月 31日

一般財団法人日本航空協会

専務理事

事務局長　　高田　直人

用語の定義および統計基準

１．用語の定義

貨物専用便：航空機を用いて旅客以外の搭載物（貨物、別送手荷物、郵便物など）を輸送する定期輸送および不定期輸送の運航をいう。１人以上の有償旅客を輸送するすべての運航、および旅客輸送を提供するものとして時刻表に記載された運航を除く。

国際線：　　　一つ以上の国際飛行区間を含む運航をいう。

国際線定期航空会社：国際線の運航の割合の多寡にかかわらず、国際線定期輸送をおこなっている会社をいう。

国際線不定期航空会社：不定期輸送のみで国際線の航空輸送をおこなう会社をいう。

国際飛行区間：飛行区間の発着地点いずれかが、あるいは両方が、当該航空会社の登録国以外の国の地点である飛行区間をいう。分類にあたって技術着陸（給油のみを目的とした着陸）は考慮しない。

国内線：　　　国内飛行区間のみに限定された運航をいう。

国内飛行区間：一国に登録された航空会社の航空機が、当該国領域内の地点を運航するとき、それらの飛行区間を総て国内飛行区間という。一国とその属領間の運航、二つの属領間の運航は国内区間とみなす。この原則は当該区間が公海上または他国領土上を通過する場合にも適用される。有償飛行の区間を分類する場合には、技術着陸（給油のみを目的とした着陸）は考慮に入れない。

定期航空会社：定期航空輸送をおこなっている航空会社をいう。

定期輸送：　　公共の便に供すること、および収入を得ることを目的として、公示された時刻表にもとづき、あるいは明らかに体系的なシリーズを構成すると認められ得る規則性をもって運航される、公衆が直接に予約することができる定期便による輸送をいう。定期便で運びきれない旅客を輸送するために運航される臨時増便、新路線における有償の予備飛行を含む。

飛行区間：　　離陸してから次の着陸までの航空機の運航をいう。

不定期航空会社：公衆に不定期輸送の便益のみを提供している会社をいう。

不定期輸送：チャーター便、定期輸送に含まれない不規則的に運航される特別便による輸送で収入を得ることを目的とする輸送をいう。これらの便に付随しておこなわれるフェリーフライト、エアタクシー、ビジネス航空、ブロック・オフ・チャーターを含む。

民間航空（会社）：報酬を得て，公共の便に供するための旅客、貨物、郵便の定期または不定期いずれかの航空運送（をおこなう会社）あるいは定期不定期両航空運送（をおこなう会社）をいう。エアタクシーやビジネス航空（を営む小規模事業者）を含む。

有償旅客： 航空会社が対価を受領して輸送した旅客をいう。市販されている割引運賃、マイレージサービスの特典航空券、企業契約運賃などでサービスを利用する旅客を含む。ただし無料で利用する旅客、航空会社や旅行代理店従業員等にのみ適用される割引運賃で利用する旅客は含まない。同伴者のいる座席を使用しない幼児も含まない。

輸送実績： ICAOの航空輸送統計上では、旅客・貨物・郵便の輸送実績をいう。

２．統計基準

(1) 測定基準

単位：メートル法を採用。I世界民間航空（一般統計）4-1米国航空業界団体の統計のみ、距離の単位に原資料で使われているマイルを採用した。

距離：空港間の大圏距離を使用している。ただし、III日本民間航空（一般統計）、IV日本民間航空（会社別統計）の国内線には運航距離を使用している統計を含み、該当する表にその旨を明記した。

通貨：財務に関する統計は、総て各社がICAOに自国通貨で報告したものを、国際比較および全世界の合計値算出のために12か月間の平均為替レートを用いて米ドルに換算してある。

(2) 算定および計算の基準

運航回数：航空機の離陸回数をいう。統計上、離陸回数は着陸回数または飛行区間の数と一致する。

便数：便名を変えることなしに、１区間または数区間運航した場合１便に数える。

離着陸回数：空港における航空機の離陸または着陸回数。空港統計上１回の着陸および１回の離陸は２回に数える。

運航距離：各飛行区間の有償飛行の運航回数に当該飛行区間の距離を乗じたものの合計。

旅客平均運航距離：旅客キロを当該旅客数で除した商。

有償旅客数：同一便で運送した旅客をただ１回のみ数えることにより得られる旅客数。飛行区間ごとの二重計算はおこなわれない。ただし、同一便名で国内区間および国際区間をまたがって旅客を輸送した場合には、１旅客を国内線旅客１名、国際線旅客１名として数える。

旅客キロ：旅客１名を１キロメートル輸送した場合、１旅客キロといい本書では単位を「人キロ」として表す。有償旅客数に各飛行区間の距離を乗じたものの合計。総計は旅客総員による運航距離の総和に等しい。

座席キロ：座席１席を１キロメートル運航した場合、１座席キロという。各飛行区間の販売可能な座席数に区間距離を乗じたものの合計。

離陸重量の制限により使用できない座席を販売可能な座席に含まない。

座席利用率：旅客キロを座席キロで除した商をパーセントで表示したもの。

旅客標準重量：旅客に関する統計を<u>重量</u>により表示する場合、通常、旅客1人当りの重量（無料手荷物、超過手荷物を含める）として100kgが用いられる。各航空会社の旅客1人当りの重量は、各社の裁量に任せられており、必ずしも100kgに統一されていない。日本国内各社は以下の重量（但し、無料手荷物を含む）を使用している。

国際線	ファースト・クラス	102.5kg
	エコノミー・クラス	92.5kg
国内線		75.0kg

有償旅客トンキロ：旅客標準重量を有償旅客キロに乗じたものの合計。第3章の1-6及び1-7の旅客有償トンキロには便宜的に超過手荷物トンキロを含む。

有償貨物（郵便）トン数：便ごとの貨物（または郵便）のトン数をただ一回のみ加える形で合計したもの。同一便名で運航される飛行区間ごとの二重計算はおこなわない。ただし、同一便名で国内区間および国際区間にまたがって貨物を輸送した場合には、例外的に当該貨物トン数を国内区間および国際区間それぞれの計算に加える。郵便トン数計算の原則も同様である。

貨物トンキロ：貨物1トンを1キロメートル運送した場合、貨物1トンキロという。各飛行区間の貨物トン数に当該区間の距離を乗じたものの合計。郵便トンキロも貨物と同様に算出する。ICAOの統計基準では貨物は外交官貨物、至急便貨物を含むが、旅客手荷物は含まない。

有償トンキロ：有償の搭載物（旅客・貨物・郵便）1トンを1キロメートル運送した場合、1トンキロという。飛行区間ごとの搭載重量に当該区間の距離を乗じたものの合計。旅客・貨物・郵便の各有償トンキロの合計値。

有効トンキロ：各飛行区間の許容搭載重量（ACL、トン表示）に当該区間の距離を乗じたものの合計。

重量利用率：有償トンキロを有効トンキロで除した商をパーセントで表示したもの。

３．地域区分

アフリカ：　アルジェリア、アンゴラ、ベナン、ボツワナ、ブルキナファソ、ブルネイ、カメルーン、カーボベルデ、中央アフリカ共和国、チャド、コモロ、コンゴ共和国、コートジボワール、コンゴ民主共和国、ジブチ、エジプト、赤道ギニア、エリトリア、エチオピア、ガボン、ガンビア、ガーナ、ギニア、ギニアビサウ、ケニア、レソト、リベリア、リビア、マダガスカル、マラウイ、マリ、モーリタニア、モーリタス、モロッコ、モザンビーク、ニジェール、ナイジェリア、ルワンダ、サントメ・プリンシペ、セネガル、セイシェル、シエラレオネ、ソマリア、南アフリカ、南スーダン、スーダン、スワジランド、トンゴ、チュニジア、ウガンダ、タンザニア連合共和国、ザンビア、ジンバブエ

　　　（地域）フランス：マヨット、レユニオン

アジア・パシフィック：

　　　　　　　アフガニスタン、オーストラリア、バングラデシュ、ブータン、ブルネイ・ダルサラーム、カンボジア、中国、クック諸島、北朝鮮、フィジー、インド、インドネシア、日本、カザフスタン、キリバス、キルギスタン、ラオス、マレーシア、モルディブ、マーシャル諸島、ミクロネシア（連邦）、モンゴル、ミャンマー、ナウル、ネパール、ニュージーランド、パキスタン、パラオ、パプアニューギニア、フィリピン、韓国、サモア、シンガポール、ソロモン諸島、スリランカ、タジキスタン、タイ、東ティモール、トンガ、トルクメニスタン、ツバル、ウズベキスタン、バヌアツ

　　　（地域）オーストラリア：ココス諸島、ノーフォーク島
　　　　　　　フランス：フランス領ポリネシア、ニューカレドニア、ウォリス・フツナ諸島
　　　　　　　ニュージーランド：ニウエ諸島
　　　　　　　米国：サモア、グアム、ジョンストン島、キングマンリーフ、ミッドウェー、パルミラ、サイパン（マリアナ諸島）、ウェーク島

ヨーロッパ：アルバニア、アンドラ、アルメニア、オーストリア、アゼルバイジャン、ベラルーシ、ベルギー、ボスニア・ヘルツェゴビナ、ブルガリア、クロアチア、キプロス、チェコ、デンマーク、エストニア、フィンランド、フランス、ジョージア、ドイツ、ギリシャ、バチカン、ハンガリー、アイスランド、アイルランド、イタリア、ラトビア、リヒテンシュタイン、リトアニア、ルクセンブルク、マルタ、モナコ、モンテネグロ、オランダ、ノルウェー、ポーランド、ポルトガル、モルドバ、ルーマニア、ロシア、サンマリノ、セルビア、スロバキア、スロベニア、スペイン、スウェーデン、スイス、北マケドニア、トルコ、ウクライナ

　　　（地域）デンマーク：フェロー諸島、グリーンランド
　　　　　　　英国：ジブラルタル、マン島

南アメリカ：アンティグア・バーブーダ、アルゼンチン、バハマ、バルバドス、ベリーズ、ボリビア、ブラジル、チリ、コロンビア、コスタリカ、キューバ、ドミニカ国、ドミニカ共和国、エクアドル、エルサルバドル、グレナダ、グアテマラ、ガイアナ、ハイチ、ホンジュラス、ジャマイカ、メキシコ、ニカラグア、パナマ、パラグアイ、ペルー、セントクリストファー・ネービス、セントルシア、セントビンセント及びグレナディーン諸島、スリナム、トリニダード・トバゴ、ウルグアイ、ベネズエラ

（地域）チリ：イースター島
フランス：フランス領ギアナ、グアドループ、マルティニーク
オランダ：オランダ領アンティル
イギリス：アンギラ、イギリス領ヴァージン諸島、ケイマン諸島、フォークランド諸島（マルビナス諸島）、モントセラト、セントヘレナ・アセンション、タークス・カイコス諸島
アメリカ：プエルトルコ、ヴァージン諸島

中　　　東：バーレーン、イラン、イラク、イスラエル、ヨルダン、クウェート、オマーン、カタール、サウジアラビア、パレスチナ、シリア・アラブ共和国、アラブ首長国連邦、イエメン

北アメリカ：カナダ、アメリカ
（地域）フランス：サンピエール島及びミクロン島
イギリス：バミューダ諸島

以上は、すべてICAOの「用語の定義および統計基準」＊に基く。IATAもこれらの定義および基準に同様に従って統計資料を作成している。

＊ ICAO, Doc 9060/5, Reference Manual on the ICAO Statistics Programme, 5th edition, Montreal

凡　　例

1. 本書に掲載した統計表は、それぞれの出典に示した 2024 年 2 月現在で公表
   されている最新の資料を基に編集して作成したものです。それら一次資料の
   数値は過去にさかのぼって修正されることがあります。
2. 1979 年から毎年発行しています本書に掲載しています統計表のうち、その
   作成に利用する一次資料が、それを公表する側の都合により得られなくなっ
   たものを割愛しました。
3. 　注記のない限り「年」は暦年、「年度」は会計年度を示しています。
4. 　単位の繰り上げは原則として四捨五入によっています。
5. 　本書の統計表中の符号の用法は次のとおりです。

   > … : 資料なし（Not Available）
   >
   > － : 当該数値がないもの
   >
   > ＊ : 暫定値または推定値
   >
   > 0 : 単位未満のもの
   >
   > △ : 減少または支出超過

目　　次

I　世界民間航空（一般統計）

II　世界民間航空（会社別統計）

I 世界・一般統計

II 世界・会社別統計

III 日本・一般統計

IV 日本・会社別統計

V 観　光

VI 資　料

Ⅲ　日本民間航空（一般統計）

Ⅳ　日本民間航空（会社別統計）

V 観 光

VI 資 料

I　世界民間航空（一般統計）

1. 輸　送　実　績

2. 財　務　状　況

3. 空　港　統　計

4. 地　域　別　統　計

1. 輸送実績

1-1 世界民間航空輸送実績（総括）

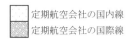
定期航空会社の国内線
定期航空会社の国際線

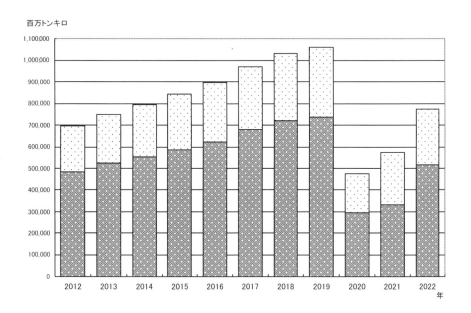

百万トンキロ

有償トンキロ

単位：百万トンキロ

輸送形態別 ／ 年	2018	2019	2020	2021	2022
国際線	719,596	737,322	295,923	334,299	516,486
国内線	311,331	323,855	179,833	240,428	257,228
総　　計	1,030,927	1,061,177	475,756	574,727	773,714

出典：ICAO, Annual Report of the Council　（2024/03/25現在）
注　：出典元資料に基づき過去のデータを修正

旅客キロ

単位：百万人キロ

定期不定期別・輸送形態別 /年		2018	2019	2020	2021	2022
定期輸送	国際線	5,223,964	5,466,130	1,328,446	1,342,015	3,379,047
	国内線	3,052,098	3,192,891	1,632,128	2,285,747	2,509,728
	計	8,276,062	8,659,021	2,960,574	3,627,762	5,888,775
不定期輸送*	国際線	214,706	235,960	103,402	149,998	154,244

出典：ICAO, Annual Report of the Council

* ：定期航空会社による不定期輸送と不定期航空会社による輸送の合計値

注 ：出典元資料に基づき過去のデータを修正

有償貨物トンキロ

単位：百万トンキロ

輸送形態別 / 年		2018	2019	2020	2021	2022
定期輸送	国際線	214,439	208,677	167,947	204,160	193,269
	国内線	32,463	32,531	30,732	33,175	30,734
総 計		246,902	241,208	198,679	237,335	224,003

出典：ICAO, Annual Report of the Council

注：貨物と郵便の合計値

注：出典元資料に基づき過去のデータを修正

1-2 世界定期航空会社輸送実績

年＼単位	飛行距離 百万キロ	運航回数 千　回	旅客数 千　人	旅客キロ 百万人キロ	座席利用率 ％
（国際線・国内線合計）					
2013	42,005	32,025	3,102,926	5,837,777	79
2014	43,852	33,035	3,303,349	6,186,702	80
2015	46,218	34,017	3,532,774	6,650,605	80
2016	48,894	35,447	3,796,222	7,142,150	80
2017	51,588	36,722	4,071,193	7,714,006	81
2018	54,279	37,823	4,322,354	8,276,062	82
2019	56,199	38,299	4,486,211	8,659,021	82
2020	28,013	20,290	1,791,566	2,960,574	65
2021	33,705	24,189	2,283,810	3,627,762	68
2022	42,801	29,797	3,262,280	5,888,775	78
（国際線）					
2013	22,241	10,227	1,238,165	3,662,030	79
2014	23,438	10,711	1,322,325	3,889,573	79
2015	25,013	11,151	1,435,692	4,179,405	80
2016	26,570	11,623	1,552,864	4,500,243	79
2017	28,227	12,059	1,660,485	4,878,603	81
2018	29,600	12,399	1,763,979	5,225,138	81
2019	30,785	12,779	1,850,131	5,467,358	82
2020	11,749	4,539	461,487	1,328,744	63
2021	13,492	5,332	527,458	1,342,499	58
2022	21,831	9,187	1,215,378	3,379,047	78
（国内線）					
2013	19,764	21,389	1,864,761	2,175,747	79
2014	20,414	21,798	1,981,024	2,297,129	79
2015	21,205	22,324	2,097,082	2,471,200	81
2016	22,324	22,866	2,243,358	2,641,907	81
2017	23,361	23,824	2,410,708	2,835,403	81
2018	24,679	24,663	2,558,375	3,050,924	83
2019	25,414	25,424	2,636,080	3,191,663	85
2020	16,264	25,520	1,330,079	1,631,830	87
2021	20,213	18,857	1,756,352	2,285,263	57
2022	20,970	20,610	2,046,902	2,509,728	78

出典：ICAO, Annual Report of the Council （2024/03/25現在）

＃ ：貨物（有償トンキロ）は郵便を含む

注 ：出典元資料に基づき、飛行距離、運航回数、旅客数以外の過去のデータを修正

送				不 定 期 輸 送	
有償トンキロ		有効トンキロ	重量利用率	旅客キロ	有償トンキロ
貨 物#	合 計				
百 万 ト ン キ ロ			%	百万人キロ	百万トンキロ
199,676	750,620	1,123,302	67	…	…
209,199	794,630	1,187,077	67	…	…
212,276	843,176	1,255,458	67	…	…
219,772	894,993	1,339,026	67	…	…
240,168	971,247	1,415,572	69	…	…
246,902	1,030,927	1,471,294	70	…	…
241,208	1,061,177	1,540,757	69	…	…
198,679	475,756	795,162	60	…	…
237,335	574,727	928,215	62	…	…
224,003	773,714	1,177,261	66	…	…
171,270	523,255	711,789	74	229,660	…
179,906	555,099	741,951	75	236,320	…
182,611	586,935	786,670	75	216,615	…
189,046	622,329	840,255	74	185,241	…
208,229	679,776	898,111	76	203,033	…
214,439	719,596	954,381	75	214,706	…
208,677	737,322	1,005,825	73	236,737	…
167,947	295,923	494,477	60	103,553	…
204,160	334,299	537,267	62	150,126	…
193,269	516,486	771,268	67	154,244	…
28,406	211,865	329,259	64	…	…
29,293	239,531	341,521	70	…	…
29,665	256,241	468,788	55	…	…
30,726	272,664	498,771	55	…	…
31,939	291,471	517,461	56	…	…
32,463	311,331	516,913	60	…	…
32,531	323,855	534,932	61	…	…
30,732	179,833	300,685	60	…	…
33,175	240,428	390,948	61	…	…
30,734	257,228	405,993	63	…	…

1-3 定期航空地域別輸送実績

運航回数（定期輸送）

単位：千回

年 ＼ 地域	北アメリカ	南アメリカ	ヨーロッパ	アフリカ	中東	アジア・パシフィック
（国際線・国内線合計）						
2013	21,994	2,559	7,860	919	1,132	8,559
2014	22,282	2,639	8,134	1,003	1,196	9,219
2015	10,817	2,859	8,308	1,016	1,228	9,788
2016	10,991	2,818	8,636	1,046	1,311	10,646
2017	11,083	2,831	8,809	1,043	1,397	11,559
2018	11,355	2,819	8,930	1,099	1,456	12,165
2019	11,315	2,840	9,131	1,195	1,418	12,400
2020	6,687	1,304	3,779	505	665	7,350
2021	8,577	1,797	4,775	697	919	7,424
2022	9,789	2,588	7,351	950	1,293	7,826
（国際線）						
2013	1,248	512	5,286	486	824	1,871
2014	1,274	551	5,400	526	853	2,108
2015	1,273	588	5,585	526	918	2,261
2016	1,293	624	5,764	530	992	2,420
2017	1,314	624	5,908	528	1,053	2,631
2018	1,340	615	6,058	534	1,081	2,770
2019	1,375	624	6,234	556	1,083	2,908
2020	607	216	2,227	221	425	843
2021	816	276	2,798	293	588	561
2022	1,172	472	5,026	484	957	1,076
（国内線）						
2013	20,746	2,047	2,574	433	308	6,688
2014	21,008	2,088	2,734	477	343	7,111
2015	9,544	2,271	2,723	490	310	7,527
2016	9,698	2,194	2,872	516	319	8,226
2017	9,769	2,207	2,901	515	344	8,928
2018	10,015	2,204	2,872	565	375	9,395
2019	9,940	2,216	2,897	639	335	9,492
2020	6,080	1,088	1,552	284	240	6,507
2021	7,761	1,521	1,977	404	331	6,863
2022	8,617	2,116	2,325	466	336	6,750

出典：ICAO, Annual Report of the Council （2024/03/25現在）

旅客数（定期輸送）

単位：千人

年 ＼ 地域	北アメリカ	南アメリカ	ヨーロッパ	アフリカ	中東	アジア・パシフィック
（国際線・国内線合計）						
2013	814,623	229,702	816,920	72,535	160,721	1,008,424
2014	838,089	240,229	871,832	72,320	173,714	1,107,166
2015	878,458	260,172	927,757	73,979	186,705	1,205,703
2016	908,355	266,631	996,872	80,072	203,943	1,340,350
2017	940,807	277,466	1,067,047	83,354	217,519	1,485,001
2018	978,402	292,832	1,123,001	95,188	228,438	1,604,493
2019	1,020,089	305,396	1,171,858	100,474	227,848	1,660,547
2020	397,121	121,390	377,840	35,989	86,232	772,995
2021	691,104	187,704	513,237	46,381	100,534	744,849
2022	919,704	399,803	937,734	75,115	178,082	870,082
（国際線）						
2013	125,703	49,705	608,848	44,821	125,536	283,552
2014	130,270	51,036	639,067	44,593	138,468	318,891
2015	135,813	59,389	688,738	46,092	152,860	352,801
2016	141,128	65,039	739,281	48,545	169,928	388,944
2017	148,252	69,241	790,652	50,630	178,709	423,001
2018	154,451	72,075	842,745	51,855	183,901	458,953
2019	161,004	73,761	887,548	56,765	189,348	481,705
2020	46,141	20,276	240,710	18,241	51,834	84,285
2021	67,681	28,325	321,086	22,635	65,845	21,887
2022	134,114	58,277	704,757	44,223	142,016	131,991
（国内線）						
2013	688,920	179,997	208,072	27,714	35,185	724,872
2014	707,819	189,193	232,765	27,727	35,246	788,275
2015	742,645	200,783	239,019	27,887	33,845	852,902
2016	767,227	201,592	257,591	31,527	34,015	951,406
2017	792,555	208,225	276,395	32,724	38,810	1,062,000
2018	823,951	220,757	280,256	43,333	44,537	1,145,540
2019	859,085	231,635	284,310	43,709	38,500	1,178,842
2020	350,980	101,114	137,130	17,748	34,398	688,710
2021	623,423	159,379	192,151	23,746	34,689	722,962
2022	785,590	341,526	232,977	30,892	36,066	738,091

出典：ICAO, Annual Report of the Council　（2024/03/25現在）

旅客キロ（定期輸送）

単位：百万人キロ

年＼地域	北アメリカ	南アメリカ	ヨーロッパ	アフリカ	中東	アジア・パシフィック
（国際線・国内線合計）						
2013	1,505,156	302,501	1,555,751	134,086	500,172	1,784,509
2014	1,550,535	319,683	1,660,547	139,112	547,832	1,926,803
2015	1,629,202	349,353	1,765,131	142,924	606,406	2,108,450
2016	1,698,834	368,375	1,888,553	152,718	674,827	2,341,043
2017	1,768,744	395,114	2,042,727	161,631	724,147	2,607,057
2018	1,852,183	424,422	2,175,225	175,918	758,419	2,871,467
2019	1,930,812	439,202	2,325,774	185,885	786,348	3,017,647
2020	671,480	162,736	702,011	59,406	257,979	1,136,390
2021	1,159,013	234,614	920,553	71,404	259,547	980,893
2022	1,693,958	399,830	1,768,976	131,740	575,509	1,318,763
（国際線）						
2013	526,997	145,788	1,370,656	114,930	471,888	989,783
2014	542,525	152,898	1,442,655	118,236	519,302	1,063,175
2015	561,709	175,082	1,538,889	121,467	578,944	1,165,809
2016	581,972	189,114	1,648,232	129,210	647,646	1,285,120
2017	610,714	205,856	1,782,198	137,806	694,470	1,429,884
2018	634,177	222,689	1,901,718	144,249	724,394	1,574,630
2019	659,669	227,899	2,028,060	155,262	754,872	1,652,729
2020	163,065	62,056	531,083	47,425	228,554	317,119
2021	214,139	76,365	670,703	55,726	231,865	93,218
2022	506,982	181,782	1,517,383	114,554	546,205	506,982
（国内線）						
2013	978,159	156,713	185,095	19,156	28,284	794,726
2014	1,008,010	166,785	217,892	20,876	28,530	863,628
2015	1,067,493	174,271	226,242	21,457	27,462	942,641
2016	1,116,862	179,261	240,321	23,508	27,181	1,055,923
2017	1,158,030	189,258	260,529	23,825	29,677	1,177,173
2018	1,218,006	201,733	273,507	31,669	34,025	1,296,837
2019	1,271,143	211,303	297,714	30,623	31,476	1,364,918
2020	508,415	100,680	170,928	11,981	29,425	819,271
2021	944,874	158,249	249,850	15,678	27,682	887,675
2022	1,186,976	218,048	251,593	17,186	29,304	811,781

出典：ICAO, Annual Report of the Council （2024/03/25現在）

貨物トンキロ（定期輸送）

単位：百万トンキロ

年＼地域	北アメリカ	南アメリカ	ヨーロッパ	アフリカ	中東	アジア・パシフィック
（国際線・国内線合計）						
2013	39,053	5,335	41,521	3,108	22,559	74,049
2014	40,310	5,387	43,283	3,218	25,371	76,444
2015	39,294	5,731	43,088	3,339	28,022	78,075
2016	40,136	5,699	46,485	3,348	28,832	80,395
2017	44,433	5,981	51,650	4,167	30,787	86,712
2018	46,419	6,389	53,575	4,163	32,576	87,845
2019	44,893	6,283	53,691	4,372	31,016	84,746
2020	43,099	5,241	42,642	3,827	27,843	67,567
2021	49,245	5,783	58,374	4,975	33,939	79,320
2022	49,070	7,029	53,035	5,491	31,009	74,574
（国際線）						
2013	23,371	4,511	40,420	3,028	22,482	65,644
2014	24,320	4,506	42,117	3,144	25,291	67,911
2015	23,272	4,917	41,910	3,262	27,943	69,203
2016	23,546	4,903	45,276	3,274	28,775	70,736
2017	27,039	5,157	50,412	4,097	30,732	76,913
2018	28,635	5,546	52,316	4,082	32,430	77,642
2019	27,127	5,500	52,155	4,315	30,958	74,314
2020	24,228	4,572	41,473	3,792	27,793	59,240
2021	29,320	4,969	56,798	4,947	33,876	70,367
2022	29,761	6,133	51,992	5,364	30,547	67,645
（国内線）						
2013	15,682	881	1,101	80	77	8,405
2014	15,990	881	1,166	74	80	8,533
2015	16,022	814	1,178	77	79	8,872
2016	16,590	796	1,209	74	57	9,659
2017	17,394	824	1,238	70	55	9,799
2018	17,784	843	1,259	81	146	10,203
2019	17,766	783	1,536	57	58	10,432
2020	18,871	669	1,169	35	50	8,327
2021	19,925	814	1,576	28	63	8,953
2022	19,309	896	1,043	127	462	6,929

出典：ICAO, Annual Report of the Council （2024/03/25現在）

有償トンキロ（定期輸送）

単位：百万トンキロ

年＼地域	北アメリカ	南アメリカ	ヨーロッパ	アフリカ	中東	アジア・パシフィック
（国際線・国内線合計）						
2013	177,142	33,882	189,152	16,376	70,341	237,456
2014	182,560	35,600	202,854	16,384	77,760	253,421
2015	188,802	38,545	213,307	16,773	86,536	273,066
2016	195,835	40,402	228,632	17,919	93,751	295,822
2017	206,703	43,410	249,465	19,758	99,345	326,684
2018	216,162	46,908	263,614	21,273	104,499	352,307
2019	223,830	47,577	278,258	22,576	105,480	365,156
2020	105,855	20,492	111,647	9,691	52,376	174,026
2021	156,199	27,611	149,144	12,345	58,384	169,289
2022	205,695	43,832	224,940	18,988	84,731	195,528
（国際線）						
2013	70,593	17,068	163,625	13,640	67,605	149,770
2014	74,343	19,062	180,967	14,320	75,057	169,030
2015	74,985	21,699	190,401	14,702	83,875	181,001
2016	77,092	23,062	204,330	15,624	91,130	192,990
2017	83,245	25,224	223,251	17,431	96,500	212,185
2018	86,890	27,623	236,392	18,127	101,102	226,938
2019	89,262	27,709	248,588	19,497	102,549	233,870
2020	39,845	10,707	94,383	8,471	49,604	90,428
2021	49,353	12,580	124,182	10,777	55,780	80,073
2022	77,317	23,397	200,068	16,869	81,554	117,282
（国内線）						
2013	108,217	16,538	21,887	2,064	2,703	84,391
2014	113,817	16,846	22,906	2,071	2,661	92,065
2015	118,743	17,340	24,302	2,295	2,621	102,832
2016	123,458	18,186	26,214	2,327	2,845	114,499
2017	129,272	19,285	27,222	3,146	3,397	125,369
2018	129,272	19,285	27,222	3,146	3,397	125,369
2019	134,568	19,868	29,670	3,079	2,931	131,286
2020	66,010	9,785	17,264	1,220	2,772	83,598
2021	106,846	15,031	24,962	1,568	2,604	89,216
2022	128,378	20,435	24,872	2,119	3,177	78,246

出典：ICAO, Annual Report of the Council （2024/03/25現在）

有効トンキロ（定期輸送）

単位：百万トンキロ

年＼地域	北アメリカ	南アメリカ	ヨーロッパ	アフリカ	中東	アジア・パシフィック
（国際線・国内線合計）						
2013	280,612	52,849	266,286	27,563	110,589	345,574
2014	288,103	53,155	283,730	29,484	122,120	370,229
2015	300,989	59,323	298,978	29,457	136,162	396,319
2016	314,196	61,328	320,222	31,685	148,506	428,890
2017	328,771	65,744	340,581	34,180	153,166	462,051
2018	337,335	70,073	355,855	36,185	164,282	488,633
2019	344,754	70,236	378,944	40,281	177,749	518,123
2020	205,463	32,538	175,922	20,052	92,478	278,996
2021	267,501	42,999	226,145	24,074	103,106	261,706
2022	340,087	67,250	311,250	32,272	133,826	292,577
（国際線）						
2013	117,501	28,047	238,394	24,791	106,446	226,772
2014	120,449	27,732	251,845	26,364	117,696	242,291
2015	124,337	33,099	265,819	26,305	132,180	258,515
2016	128,467	34,626	285,558	28,364	144,507	276,589
2017	135,354	38,586	303,660	30,839	148,647	297,296
2018	140,072	41,986	318,224	31,855	159,241	314,447
2019	141,174	41,473	337,499	35,713	172,779	332,110
2020	71,313	17,376	148,772	18,171	88,298	150,547
2021	86,509	20,281	189,278	21,554	98,582	121,063
2022	133,905	36,444	274,533	29,156	128,907	133,905
（国内線）						
2013	163,111	24,802	27,892	2,772	4,143	118,802
2014	167,654	25,423	31,885	3,120	4,424	127,938
2015	176,652	26,224	33,159	3,152	3,982	137,804
2016	185,729	26,702	34,664	3,321	3,999	152,301
2017	193,417	27,158	36,921	3,341	4,519	164,755
2018	197,263	28,087	37,631	4,330	5,041	174,186
2019	203,580	28,763	41,445	4,568	4,970	186,013
2020	134,150	15,162	27,150	1,881	4,180	128,449
2021	180,992	22,718	36,867	2,520	4,524	140,643
2022	206,182	30,806	36,717	3,116	4,919	158,672

出典：ICAO, Annual Report of the Council　（2023/03/25現在）

座席利用率（定期輸送）　　　　　　　　　　　　　　　　　　　　　　単位：％

年＼地域	北アメリカ	南アメリカ	ヨーロッパ	アフリカ	中東	アジア・パシフィック
（国際線・国内線合計）						
2013	83	77	80	69	77	78
2014	83	78	81	69	78	78
2015	84	79	82	68	76	79
2016	83	80	82	68	75	80
2017	83	81	84	71	75	81
2018	84	81	84	73	74	82
2019	85	82	85	72	76	82
2020	60	75	68	61	60	68
2021	73	77	69	61	55	63
2022	83	81	81	71	74	71
（国際線）						
2013	83	79	81	68	77	77
2014	82	78	81	68	77	77
2015	82	79	82	67	76	78
2016	81	81	82	68	75	79
2017	82	82	84	70	74	80
2018	82	81	84	72	74	81
2019	84	82	85	72	76	81
2020	61	72	67	59	59	60
2021	61	73	66	59	53	32
2022	82	81	82	71	74	72
（国内線）						
2013	…	…	…	…	…	…
2014	…	…	…	…	…	…
2015	…	…	…	…	…	…
2016	…	…	…	…	…	…
2017	…	…	…	…	…	…
2018	…	…	…	…	…	…
2019	…	…	…	…	…	…
2020	…	…	…	…	…	…
2021	…	…	…	…	…	…
2022	…	…	…	…	…	…

出典：ICAO, Annual Report of the Council　（2024/03/25現在）

重量利用率（定期輸送）

単位：%

年＼地域	北アメリカ	南アメリカ	ヨーロッパ	アフリカ	中東	アジア・パシフィック
（国際線・国内線合計）						
2013	63	64	71	59	64	69
2014	63	67	71	56	64	68
2015	63	65	71	57	64	69
2016	62	66	71	57	63	69
2017	63	66	73	58	65	71
2018	64	67	74	59	64	72
2019	65	68	73	56	59	70
2020	52	63	63	48	57	62
2021	58	64	66	51	57	65
2022	60	85	72	59	63	67
（国際線）						
2013	61	65	72	58	64	70
2014	62	69	72	54	64	70
2015	60	66	72	56	63	70
2016	60	67	72	55	63	70
2017	62	65	74	57	65	71
2018	62	66	74	57	63	72
2019		67	74	55	59	70
2020	56	62	63	47	56	60
2021	57	62	66	50	57	66
2022	58	64	73	58	63	70
（国内線）						
2013	64	63	66	68	66	66
2014	65	65	69	66	61	66
2015	64	64	69	66	67	67
2016	64	65	70	69	66	68
2017	64	67	71	70	63	69
2018	66	69	72	73	67	72
2019	66	69	72	67	59	71
2020	49	65	64	65	66	65
2021	59	66	68	62	58	63
2022	62	66	68	68	65	49

出典：ICAO, Annual Report of the Council （2024/03/25現在）

1-4 定期航空国別輸送実績

旅客キロ（1）

年＼国名	日　本	中　国#	香　港	韓　国	シンガポール	マレーシア
（国際線・国内線）						
2013	150,774	562,748	111,573	109,807	118,972	91,494
2014	158,093	630,823	122,614	111,594	121,280	98,880
2015	167,906	725,901	136,156	119,739	123,329	93,692
2016	179,932	836,516	140,718	131,890	126,618	96,741
2017	191,538	950,425	150,194	149,335	134,929	108,198
2018	197,830	1,070,347	158,404	178,239	144,643	113,966
2019	204,188	1,169,680	159,668	189,826	155,409	116,221
2020	66,233	629,669	22,554	41,115	30,046	24,847
2021	51,369	652,334	4,240	22,638	11,597	4,442
2022	118,355	389,617	16,011	67,824	92,139	39,371
（国際線）						
2013	66,630	111,918	111,573	103,532	118,972	73,549
2014	71,949	129,495	122,614	104,959	121,280	79,817
2015	79,992	169,981	136,156	112,357	123,329	73,742
2016	90,346	214,893	140,718	123,284	126,618	74,321
2017	97,519	246,968	150,194	138,964	134,929	84,981
2018	102,440	281,490	158,404	166,232	144,643	92,867
2019	105,074	317,787	159,668	177,224	155,409	86,315
2020	22,545	43,424	22,554	33,059	30,046	17,515
2021	10,119	8,840	4,240	9,921	11,597	818
2022	42,638	10,252	16,011	53,986	92,139	23,170
（国内線）						
2013	84,144	450,830	―	6,275	―	17,945
2014	86,144	501,328	―	6,635	―	19,063
2015	87,914	555,920	―	7,382	―	19,950
2016	89,586	621,623	―	8,606	―	22,420
2017	94,019	703,457	―	10,371	―	23,217
2018	95,390	788,857	―	12,007	―	21,099
2019	99,114	851,893	―	12,602	―	29,906
2020	43,688	586,245	―	8,056	―	7,332
2021	41,250	643,494	―	12,717	―	3,624
2022	75,717	379,365	―	13,838	―	16,201

出典：ICAO, Annual Report of the Council （2024/03/25現在）

＃ ：香港、マカオを除く

単位：百万人キロ

タ　イ	インド	パキスタン	スリランカ	インドネシア	フィリピン	ベトナム
82, 237	112, 294	14, 820	14, 517	84, 946	35, 572	29, 465
80, 411	121, 040	18, 131	13, 989	84, 856	45, 769	33, 242
87, 124	140, 474	19, 263	14, 104	87, 569	51, 554	39, 402
96, 241	163, 967	23, 359	14, 546	98, 562	61, 176	47, 565
117, 131	190, 402	24, 603	13, 984	112, 428	68, 471	56, 278
132, 748	221, 194	17, 815	16, 180	123, 534	69, 226	63, 592
146, 292	220, 200	18, 733	15, 509	101, 949	76, 954	73, 958
33, 518	85, 619	8, 159	3, 718	37, 789	18, 688	33, 632
9, 177	88, 510	7, 903	2, 844	35, 377	10, 238	13, 063
45, 691	179, 652	15, 614	11, 607	60, 475	38, 660	54, 594
68, 843	53, 241	12, 668	14, 516	23, 136	24, 079	18, 378
65, 442	57, 323	15, 539	13, 989	23, 631	34, 781	19, 612
69, 473	63, 928	16, 392	14, 104	24, 678	37, 932	21, 783
75, 007	69, 528	20, 240	14, 546	28, 056	42, 976	24, 408
92, 947	79, 240	21, 458	13, 984	34, 711	48, 744	30, 583
107, 932	88, 931	15, 780	16, 180	38, 495	52, 743	36, 224
122, 647	81, 304	16, 380	15, 509	32, 807	59, 141	42, 839
20, 895	23, 879	6, 581	3, 718	6, 073	14, 351	7, 874
1, 362	7, 818	5, 098	2, 844	550	6, 549	307
29, 405	60, 132	13, 800	11, 607	5, 697	25, 583	17, 389
13, 394	59, 053	2, 152	1	61, 810	11, 493	11, 087
14, 969	63, 717	2, 592	0	61, 225	10, 988	13, 630
17, 651	76, 546	2, 871	0	62, 891	13, 622	17, 619
21, 234	94, 439	3, 119	0	70, 506	18, 200	23, 157
24, 184	111, 162	3, 145	0	77, 717	19, 727	25, 695
24, 816	132, 263	2, 035	0	85, 039	16, 483	27, 368
23, 645	138, 896	2, 353	0	69, 142	17, 813	31, 119
12, 623	61, 740	1, 578	0	31, 716	4, 337	25, 758
7, 815	80, 692	2, 805	0	34, 827	3, 689	12, 756
16, 286	119, 520	1, 814	0	54, 778	13, 077	37, 205

旅客キロ（2）

年＼国名	オーストラリア	ニュージーランド	湾岸3国#	サウジアラビア	カタール	クェート
（国際線・国内線）						
2013	138,719	29,511	302,708	49,321	79,836	8,179
2014	139,899	30,098	339,176	57,092	91,799	8,655
2015	144,361	31,776	380,811	55,541	108,311	8,950
2016	149,410	33,277	413,056	59,999	137,602	9,099
2017	155,093	34,537	438,220	67,949	143,937	13,269
2018	159,061	36,748	446,946	75,731	152,223	15,506
2019	161,600	38,452	454,295	76,422	172,589	17,468
2020	41,711	11,843	120,765	30,083	57,173	4,017
2021	29,027	5,796	114,835	37,987	72,290	4,749
2022	93,447	18,271	313,982	36,392	154,373	16,681
（国際線）						
2013	72,781	25,243	302,212	35,339	79,836	8,179
2014	73,271	25,694	338,644	42,023	91,799	8,655
2015	77,599	27,103	380,253	40,134	108,311	8,950
2016	80,849	28,250	412,381	45,025	137,602	9,099
2017	85,776	29,035	437,428	51,573	143,937	13,269
2018	88,890	30,938	446,178	59,809	152,223	15,506
2019	91,148	32,500	453,563	59,614	172,589	17,468
2020	19,522	8,209	120,553	15,783	57,173	4,017
2021	1,784	1,611	114,397	20,571	72,290	4,749
2022	36,640	13,486	313,365	19,815	154,373	16,681
（国内線）						
2013	65,938	4,268	496	13,982	—	—
2014	66,628	4,404	532	15,069	—	—
2015	66,762	4,673	558	15,407	—	—
2016	68,561	5,027	675	14,974	—	—
2017	69,317	5,502	792	16,376	—	—
2018	70,171	5,810	768	15,922	—	—
2019	70,452	5,952	732	16,808	—	—
2020	22,189	3,634	212	14,300	—	—
2021	27,243	4,185	438	17,416	—	—
2022	56,807	4,785	617	16,577	—	—

出典：ICAO, Annual Report of the Council （2024/03/25現在）
＃ ：アラブ首長国連邦、バーレーン、オマーン

単位：百万人キロ

トルコ	イラン	イスラエル	エジプト	南アフリカ	ブラジル	メキシコ
122, 645	17, 664	18, 828	21, 552	32, 259	113, 188	51, 343
137, 171	17, 635	19, 677	20, 008	31, 603	117, 760	55, 820
157, 419	18, 169	20, 290	20, 507	31, 075	122, 868	64, 923
169, 642	19, 244	21, 657	24, 371	33, 341	117, 135	76, 948
183, 398	21, 540	22, 870	23, 744	33, 181	123, 096	89, 317
194, 991	22, 315	23, 918	25, 737	34, 652	134, 841	100, 042
202, 174	23, 566	23, 864	26, 454	35, 330	135, 078	109, 056
73, 686	11, 030	4, 152	9, 334	9, 560	58, 124	50, 926
119, 308	12, 560	7, 254	11, 152	8, 709	73, 352	78, 477
213, 592	18, 841	18, 247	24, 310	11, 620	110, 537	106, 105
93, 610	6, 543	18, 408	20, 879	20, 885	27, 304	19, 752
110, 533	6, 418	19, 264	19, 293	19, 677	28, 273	23, 890
126, 684	7, 287	19, 882	19, 743	18, 909	32, 032	28, 897
135, 963	8, 235	21, 278	23, 686	18, 900	31, 757	33, 441
147, 678	9, 550	22, 483	22, 989	17, 998	35, 513	41, 053
159, 345	10, 509	23, 535	24, 695	15, 218	41, 959	47, 063
169, 128	10, 133	23, 605	25, 448	15, 180	42, 658	51, 368
56, 019	2, 038	4, 060	8, 939	2, 705	11, 167	17, 660
95, 212	3, 065	7, 095	10, 509	884	5, 602	25, 865
186, 785	7, 095	18, 084	23, 211	2, 189	23, 454	39, 279
29, 035	11, 121	420	673	11, 374	85, 884	31, 591
26, 638	11, 217	413	715	11, 926	89, 487	31, 930
30, 735	10, 882	408	764	12, 166	90, 836	36, 026
33, 679	11, 009	379	685	14, 441	85, 378	43, 507
35, 720	11, 990	387	755	15, 183	87, 583	48, 264
35, 646	11, 806	383	1, 042	19, 434	92, 882	52, 979
33, 046	13, 433	259	1, 006	20, 150	92, 420	57, 688
17, 667	8, 992	92	395	6, 855	46, 957	33, 266
24, 096	9, 495	159	643	7, 825	67, 750	52, 612
26, 807	11, 746	163	1, 099	9, 431	87, 083	66, 826

旅客キロ（3）

年 \ 国名	アメリカ	カナダ	イギリス	フランス	ドイツ	イタリア
（国際線・国内線合計）						
2013	1,352,541	152,627	259,536	178,672	217,834	40,279
2014	1,387,790	162,732	274,966	178,138	234,201	38,822
2015	1,451,694	177,507	283,184	184,146	244,664	38,429
2016	1,502,250	196,583	307,971	183,571	259,207	44,915
2017	1,551,965	216,780	323,732	192,910	255,444	47,471
2018	1,627,875	224,308	356,465	201,955	242,054	47,961
2019	1,698,805	232,007	344,592	210,880	250,462	52,030
2020	608,724	62,757	74,898	69,374	53,329	11,396
2021	1,107,096	51,917	60,547	85,545	70,226	2,491
2022	1,525,790	168,169	237,580	173,320	152,452	20,725
（国際線）						
2013	422,522	104,475	251,147	137,502	207,783	30,364
2014	429,889	112,558	266,563	137,645	224,016	30,568
2015	436,967	124,742	274,528	143,094	234,622	31,283
2016	440,141	141,832	299,228	141,687	248,757	37,417
2017	451,578	159,135	314,655	149,163	245,229	39,967
2018	467,838	166,339	347,274	155,258	233,645	40,729
2019	487,362	172,306	335,479	162,944	241,877	45,212
2020	120,069	42,996	72,605	44,972	50,919	8,956
2021	186,819	27,321	57,257	56,439	68,224	1,904
2022	387,860	119,122	231,092	129,003	148,633	16,941
（国内線）						
2013	930,019	48,152	8,389	41,170	10,051	9,915
2014	957,901	50,174	8,403	40,493	10,185	8,254
2015	1,014,727	52,765	8,656	41,052	10,042	7,146
2016	1,062,109	54,751	8,743	41,884	10,450	7,498
2017	1,100,387	57,645	9,077	43,747	10,215	7,504
2018	1,160,037	57,969	9,191	46,697	8,409	7,232
2019	1,211,443	59,701	9,113	47,936	8,585	6,818
2020	488,655	19,761	2,293	24,402	2,410	2,440
2021	920,277	24,596	3,290	29,106	2,002	587
2022	1,137,930	49,047	6,488	44,317	3,819	3,784

出典：ICAO, Annual Report of the Council （2024/03/25現在）
＃：デンマーク、ノルウェー、スウェーデン

単位：百万人キロ

スペイン	スイス	オランダ	ルクセンブルク	アイルランド	北欧3国#	ロシア連邦
81,994	49,128	100,393	534	118,796	58,255	162,367
90,949	50,292	101,424	1,977	125,334	70,559	176,360
103,431	49,162	103,516	2,100	143,527	74,166	179,680
110,962	50,574	109,959	2,195	163,502	87,935	176,622
119,288	54,435	121,961	2,274	203,864	75,056	205,407
130,914	59,775	127,739	2,491	224,623	78,726	229,060
145,472	63,015	130,696	2,562	232,491	82,737	276,600
39,851	16,719	41,585	1,008	75,429	16,009	131,906
64,459	19,582	52,169	1,718	95,000	18,097	204,942
132,419	44,274	104,710	2,957	218,514	40,097	157,724
66,313	48,899	98,925	534	118,780	51,248	88,474
74,616	50,096	100,605	1,977	125,321	63,260	90,352
85,889	48,996	102,757	2,100	143,527	67,011	82,983
92,207	50,415	108,904	2,195	163,502	76,846	77,199
99,471	54,278	121,000	2,274	201,787	62,516	95,174
108,918	59,617	126,571	2,491	222,317	68,572	107,097
121,039	62,862	130,582	2,562	232,343	73,041	128,179
29,530	16,680	40,492	1,008	75,237	11,940	29,487
48,713	19,540	52,153	1,718	94,900	11,357	41,825
108,422	44,197	104,643	2,957	218,370	30,168	36,190
15,681	229	1,468	—	16	7,007	73,893
16,333	196	819	—	13	7,299	86,008
17,542	166	759	—	0	7,155	96,697
18,755	159	1,055	—	0	11,089	99,423
19,817	157	961	—	2,077	12,540	110,233
21,996	158	1,168	—	2,306	10,154	121,963
24,433	153	114	—	148	9,696	148,421
10,321	39	1,093	—	192	4,069	102,419
15,746	42	16	—	100	6,740	163,117
23,997	77	67	—	144	9,929	121,534

有償トンキロ（1）

年＼国名	日　本	中　国#	香　港	韓　国	シンガポール	マレーシア
（国際線・国内線合計）						
2013	20,443	66,612	20,255	21,439	18,313	10,864
2014	22,068	74,434	23,085	21,753	18,312	11,652
2015	23,142	84,872	24,910	22,561	18,616	10,912
2016	24,718	96,065	25,346	23,611	19,218	10,482
2017	27,090	108,195	27,321	24,627	19,601	11,701
2018	26,391	120,538	28,323	29,147	18,685	12,430
2019	29,713	131,535	27,458	28,993	22,758	12,673
2020	14,765	76,403	10,375	16,602	6,038	3,244
2021	16,401	79,206	9,516	17,697	4,914	1,572
2022	19,615	53,714	7,941	20,332	13,600	4,858
（国際線）						
2013	13,104	20,584	20,255	20,809	18,313	9,109
2014	14,581	23,691	23,085	21,064	18,312	9,776
2015	15,527	29,028	24,910	21,803	18,616	8,967
2016	16,990	33,889	25,346	22,756	19,218	8,280
2017	18,992	38,764	27,321	23,650	19,601	9,376
2018	18,278	43,400	28,323	27,929	18,685	10,318
2019	18,895	47,011	27,458	27,694	22,758	9,706
2020	9,778	16,931	10,375	15,766	6,038	2,508
2021	11,689	15,183	9,516	16,395	4,914	1,199
2022	13,297	15,187	7,941	18,919	13,600	3,281
（国内線）						
2013	7,339	46,028	—	630	—	1,755
2014	7,487	50,743	—	689	—	1,876
2015	7,615	55,844	—	758	—	1,945
2016	7,728	62,176	—	855	—	2,202
2017	8,098	69,431	—	977	—	2,325
2018	8,113	77,138	—	1,218	—	2,112
2019	10,818	84,524	—	1,299	—	2,967
2020	4,987	59,472	—	836	—	736
2021	4,712	64,023	—	1,302	—	373
2022	6,318	38,527	—	1,413	—	1,577

出典：ICAO, Annual Report of the Council （2024/03/25現在）

＃ ：香港、マカオを除く

単位：百万トンキロ

タ　イ	インド	パキスタン	スリランカ	インドネシア	フィリピン	ベトナム
10,314	11,651	1,594	1,710	8,079	3,824	3,238
10,060	12,651	1,913	1,659	8,022	5,002	3,445
10,891	14,344	2,004	1,664	8,262	5,567	4,014
11,931	16,463	2,379	1,705	9,342	6,637	4,741
14,309	19,364	2,574	1,640	11,515	7,492	5,522
16,043	22,413	1,864	1,897	12,564	7,688	6,209
16,020	21,751	1,920	1,794	11,203	8,625	7,710
4,054	8,545	848	563	4,474	2,225	3,617
1,526	8,758	824	668	4,131	1,552	1,862
5,886	17,721	1,555	1,311	5,490	4,409	5,676
8,984	6,125	1,377	1,710	2,568	2,711	2,318
8,588	6,509	1,643	1,659	2,636	3,910	2,078
9,114	6,994	1,711	1,664	2,683	4,218	2,194
9,697	7,566	2,071	1,705	3,110	4,722	2,465
11,746	8,940	2,261	1,640	3,906	5,429	3,034
13,524	9,949	1,663	1,897	4,271	5,880	3,563
13,634	8,781	1,686	1,794	3,756	6,639	4,648
2,780	2,634	692	563	898	1,714	1,096
727	977	550	668	356	1,080	556
4,314	6,406	1,378	1,311	654	3,085	2,178
1,330	5,526	217	—	5,511	1,113	920
1,472	6,142	270	—	5,386	1,092	1,367
1,777	7,350	293	—	5,579	1,349	1,820
2,234	8,897	308	—	6,232	1,915	2,276
2,563	10,424	313	—	7,609	2,063	2,488
2,519	12,464	201	—	8,293	1,808	2,646
2,386	12,970	234	—	7,447	1,986	3,062
1,274	5,911	156	—	3,576	511	2,521
799	7,781	274	—	3,775	472	1,306
1,572	11,315	177	—	4,836	1,324	3,498

有償トンキロ（2）

年 ＼ 国名	オーストラリア	ニュージーランド	湾岸３国#	サウジアラビア	カタール	クェート
（国際線・国内線）						
2013	15,075	3,614	44,131	6,199	12,183	997
2014	15,363	3,734	49,337	6,809	14,293	1,045
2015	15,797	3,885	55,009	6,861	17,360	1,069
2016	16,287	4,228	58,256	6,315	21,672	1,024
2017	16,969	4,587	59,497	7,061	24,077	1,405
2018	17,396	4,804	59,848	7,981	26,594	1,800
2019	17,545	4,823	59,896	9,721	23,054	1,995
2020	5,342	1,888	24,201	3,384	18,876	500
2021	3,979	863	27,023	4,194	22,569	659
2022	10,376	2,640	43,637	4,873	28,113	1,866
（国際線）						
2013	8,833	3,218	44,085	4,856	12,183	997
2014	8,917	3,321	49,288	5,377	14,293	1,045
2015	9,369	3,448	54,952	5,389	17,360	1,069
2016	9,684	3,754	58,194	4,895	21,672	1,024
2017	10,272	4,046	59,422	5,510	24,077	1,405
2018	10,620	4,235	59,773	6,478	26,594	1,800
2019	10,730	4,247	59,823	7,558	23,054	1,995
2020	3,088	1,533	24,181	1,987	18,876	500
2021	1,248	410	26,982	2,519	22,569	659
2022	4,824	2,105	43,578	2,842	28,113	1,866
（国内線）						
2013	6,242	396	46	1,343	—	—
2014	6,446	413	49	1,432	—	—
2015	6,428	437	57	1,472	—	—
2016	6,603	474	62	1,420	—	—
2017	6,697	541	75	1,551	—	—
2018	6,776	569	75	1,503	—	—
2019	6,815	576	73	2,163	—	—
2020	2,254	355	20	1,397	—	—
2021	2,731	453	41	1,675	—	—
2022	5,552	535	59	2,031	—	—

出典：ICAO, Annual Report of the Council （2024/03/25現在）
＃ ：アラブ首長国連邦、バーレーン、オマーン

単位：百万トンキロ

トルコ	イラン	イスラエル	エジプト	南アフリカ	ブラジル	メキシコ
14,653	1,681	2,697	2,518	4,084	11,967	5,661
16,442	1,700	2,631	2,412	3,921	12,299	6,202
18,688	1,781	2,801	2,436	3,709	12,609	7,209
20,571	1,961	2,966	2,793	3,820	12,067	8,459
23,303	2,289	3,211	2,778	3,892	12,700	9,864
25,859	3,003	3,405	2,990	3,965	13,732	11,097
27,552	2,343	3,329	3,104	3,983	13,196	11,981
14,421	1,212	1,236	1,361	1,031	6,123	5,826
21,939	1,409	1,443	1,615	883	7,417	8,811
30,520	1,934	2,510	2,730	1,305	10,683	11,688
11,879	641	2,658	2,452	2,948	3,769	2,476
13,745	637	2,593	2,340	2,753	3,798	2,904
15,587	705	2,764	2,362	2,524	4,105	3,493
17,181	869	2,931	2,724	2,395	4,101	3,993
19,669	1,119	3,176	2,701	2,401	4,644	4,929
22,481	1,242	3,369	2,885	2,027	5,361	5,678
24,419	1,131	3,300	3,006	1,875	5,100	6,085
12,739	392	1,227	1,322	327	1,826	2,411
19,616	553	1,428	1,553	91	1,302	3,437
27,961	880	2,495	2,620	255	3,130	4,879
2,774	1,040	39	66	1,136	8,198	3,185
2,697	1,063	38	72	1,168	8,501	3,298
3,101	1,076	37	74	1,185	8,504	3,716
3,390	1,092	35	69	1,425	7,966	4,466
3,634	1,170	35	77	1,491	8,056	4,935
3,378	1,761	36	105	1,938	8,371	5,419
3,133	1,212	29	98	2,108	8,096	5,896
1,682	820	9	39	704	4,297	3,415
2,323	856	15	62	792	6,115	5,374
2,559	1,054	15	110	1,050	7,553	6,809

有償トンキロ（３）

年＼国名	アメリカ	カナダ	イギリス	フランス	ドイツ	イタリア
（国際線・国内線合計）						
2013	161,304	15,839	29,429	22,460	29,306	4,795
2014	165,687	16,897	30,862	22,211	30,783	4,831
2015	170,585	18,217	31,831	22,974	31,499	4,738
2016	175,715	20,121	34,365	22,927	32,868	5,508
2017	184,130	22,573	35,983	23,943	32,795	6,049
2018	192,408	23,754	39,308	25,041	31,852	6,155
2019	198,235	26,422	38,059	25,983	32,388	6,481
2020	97,187	8,669	10,818	9,523	14,594	2,119
2021	147,768	8,432	9,738	12,925	18,567	1,398
2022	185,632	20,063	25,879	21,658	27,960	3,647
（国際線）						
2013	60,866	11,123	28,702	17,927	28,308	3,829
2014	62,360	11,984	30,134	17,732	29,776	4,014
2015	61,944	13,040	31,065	18,295	30,507	4,030
2016	62,335	14,757	33,583	18,128	31,834	4,769
2017	66,425	16,820	35,192	19,001	31,789	5,313
2018	69,027	17,863	38,506	19,760	30,972	5,432
2019	70,271	19,598	37,266	20,498	31,493	5,803
2020	33,787	6,058	10,612	6,706	14,320	1,860
2021	44,239	5,113	9,442	9,384	18,338	1,303
2022	53,018	14,298	25,295	16,663	27,551	3,233
（国内線）						
2013	100,438	4,716	727	4,533	998	966
2014	103,327	4,913	728	4,479	1,007	817
2015	108,641	5,177	766	4,679	992	708
2016	113,380	5,364	782	4,799	1,034	739
2017	117,705	5,753	791	4,942	1,006	736
2018	123,381	5,891	802	5,281	880	723
2019	127,964	6,824	793	5,485	895	678
2020	63,400	2,611	206	2,817	274	259
2021	103,529	3,319	296	3,541	229	95
2022	132,614	5,765	584	4,995	409	414

出典：ICAO, Annual Report of the Council （2024/03/25現在）

＃ ：デンマーク、ノルウェー、スウェーデン

単位：百万トンキロ

スペイン	スイス	オランダ	ルクセンブルク	アイルランド	北欧3国[#]	ロシア連邦
8,613	6,258	15,961	5,273	10,899	6,141	18,995
9,671	6,633	16,041	5,951	11,509	7,255	20,421
11,022	6,119	15,809	6,520	13,166	7,615	21,061
11,793	6,717	15,899	7,097	14,428	9,264	21,909
12,807	7,154	18,152	7,549	18,874	8,298	25,529
14,005	7,931	18,767	7,572	20,606	8,647	27,631
15,128	8,058	18,861	7,444	21,588	9,282	30,084
4,481	2,561	8,364	7,446	7,675	1,916	16,324
7,574	3,222	9,575	8,760	9,589	2,166	24,507
14,699	5,772	13,792	8,282	19,862	4,562	15,300
7,093	6,235	15,814	5,273	10,896	5,476	11,444
8,021	6,613	15,959	5,951	11,507	6,560	11,803
9,216	6,102	15,733	6,520	13,166	6,925	11,635
9,864	6,700	15,794	7,097	14,428	8,189	12,202
10,772	7,138	18,056	7,549	18,667	7,065	14,824
11,778	7,915	18,650	7,572	20,376	7,641	15,876
12,692	8,043	18,849	7,444	21,573	8,260	17,468
3,437	2,557	8,241	7,446	7,655	1,458	6,300
5,957	3,218	9,574	8,760	9,579	1,443	8,836
12,234	5,764	13,785	8,282	19,849	3,430	4,019
1,520	23	147	—	3	665	7,551
1,650	20	82	—	2	695	8,618
1,806	17	76	—	0	690	9,426
1,929	17	105	—	0	1,075	9,707
2,035	16	96	—	207	1,233	10,705
2,227	16	117	—	230	1,006	11,755
2,436	15	12	—	15	1,022	12,616
1,044	4	123	—	20	458	10,024
1,617	4	1	—	10	723	15,671
2,465	8	7	—	13	1,132	11,281

貨物トンキロ（1）

年 国名	日　本	中　国#	香　港	韓　国	シンガポール	マレーシア
（国際線・国内線）						
2013	7,716	16,054	9,396	11,350	6,332	2,196
2014	8,662	17,823	10,826	11,125	6,052	2,193
2015	8,869	19,806	11,294	11,297	6,154	2,006
2016	9,361	21,305	11,409	11,485	6,423	1,150
2017	10,685	23,324	12,415	11,002	7,007	1,262
2018	9,421	25,256	12,677	11,930	5,195	1,404
2019	8,919	25,395	11,739	10,664	6,412	1,379
2020	7,842	19,264	8,085	12,457	3,020	817
2021	10,947	20,961	9,028	15,370	3,667	1,119
2022	9,689	18,964	6,347	13,741	4,696	1,125
（国際線）						
2013	6,749	10,416	9,396	11,304	6,332	2,109
2014	7,697	11,874	10,826	11,072	6,052	2,097
2015	7,908	13,579	11,294	11,242	6,154	1,936
2016	8,412	14,508	11,409	11,435	6,423	1,092
2017	9,700	16,502	12,415	10,953	7,007	1,175
2018	8,486	18,136	12,677	11,877	5,195	1,331
2019	8,071	17,904	11,739	10,623	6,412	1,315
2020	7,272	12,884	8,085	12,427	3,020	789
2021	10,408	14,340	9,028	15,340	3,667	1,087
2022	9,098	14,232	6,347	13,712	4,696	1,089
（国内線）						
2013	967	5,638	—	46	0	87
2014	965	5,949	—	53	0	96
2015	961	6,227	—	55	0	70
2016	949	6,797	—	50	0	58
2017	985	6,822	—	49	0	87
2018	935	7,120	—	53	0	73
2019	848	7,491	—	41	0	64
2020	570	6,380	—	30	0	28
2021	539	6,621	—	30	0	32
2022	591	4,732	—	29	0	36

出典：ICAO, Annual Report of the Council （2024/03/25現在）
#　：香港、マカオを除く

単位：百万トンキロ

タ　イ	インド	パキスタン	スリランカ	インドネシア	フィリピン	ベトナム
2,640	1,617	248	385	855	326	548
2,515	1,851	227	385	836	457	450
2,134	1,834	183	382	747	484	384
2,160	1,984	175	403	931	646	459
2,393	2,407	215	398	1,056	757	453
2,666	2,704	218	436	1,132	836	481
2,328	1,938	193	394	982	927	1,023
684	875	96	226	675	360	572
604	908	76	412	773	530	677
1,366	1,462	95	315	581	630	766
2,595	1,197	226	385	371	278	416
2,490	1,231	208	385	384	393	311
2,108	1,181	164	382	315	407	222
2,135	1,228	161	403	432	447	268
2,367	1,662	204	398	566	557	279
2,637	1,893	204	436	581	604	300
2,212	1,138	181	394	463	722	771
674	374	91	226	280	282	381
587	225	72	412	302	425	526
1,358	671	90	315	126	524	611
45	420	22	—	484	48	132
25	620	19	—	452	64	139
26	653	19	—	432	77	162
25	756	14	—	499	199	191
26	745	11	—	490	200	174
29	811	14	—	551	232	181
116	800	12	—	519	205	252
10	501	5	—	395	78	191
17	683	4	—	471	105	151
8	791	5	—	455	106	155

貨物トンキロ（2）

年 \ 国名	オースト ラリア	ニュージー ランド	湾岸3国#	サウジ アラビア	カタール	クェート
（国際線・国内線合計）						
2013	1,985	933	14,599	1,694	4,961	243
2014	1,907	999	16,173	1,842	5,993	259
2015	1,887	999	17,299	827	7,563	216
2016	1,902	1,233	17,448	834	9,206	220
2017	1,983	1,336	17,342	868	10,970	310
2018	2,028	1,349	16,894	1,085	12,667	392
2019	1,931	1,208	15,644	2,043	12,740	365
2020	1,317	774	12,416	582	13,544	120
2021	1,245	318	16,078	679	15,862	200
2022	1,197	813	14,176	1,439	14,087	262
（国際線）						
2013	1,824	922	14,598	1,631	4,961	243
2014	1,744	983	16,171	1,773	5,993	259
2015	1,752	983	17,298	769	7,563	216
2016	1,758	1,211	17,447	788	9,206	220
2017	1,857	1,313	17,341	826	10,970	310
2018	1,899	1,327	16,891	1,048	12,667	392
2019	1,795	1,192	15,639	1,984	12,740	365
2020	1,110	761	12,416	542	13,544	120
2021	1,033	259	16,078	626	15,862	200
2022	1,136	756	14,175	984	14,087	262
（国内線）						
2013	161	11	1	63	—	0
2014	163	16	2	69	—	0
2015	135	16	1	58	—	0
2016	144	22	1	46	—	0
2017	126	23	1	42	—	0
2018	129	22	3	37	—	0
2019	136	16	5	59	—	0
2020	207	13	0	40	—	0
2021	212	59	0	53	—	0
2022	61	57	1	455	—	0

出典：ICAO, Annual Report of the Council （2024/03/25現在）
＃ ：アラブ首長国連邦、バーレーン、オマーン

単位：百万トンキロ

トルコ	イラン	イスラエル	エジプト	南アフリカ	ブラジル	メキシコ
2,349	80	802	370	1,123	1,637	695
2,714	83	778	401	1,062	1,597	721
2,882	97	759	378	893	1,494	714
3,494	139	784	376	767	1,514	761
4,800	326	913	404	833	1,737	929
5,949	291	995	438	716	1,846	1,090
6,816	152	889	483	565	1,521	1,073
6,870	202	817	439	102	1,210	733
9,338	274	716	589	15	1,294	963
8,422	214	671	512	143	1,434	1,076
2,325	70	802	369	1,062	1,047	592
2,686	74	778	401	1,003	1,022	604
2,857	86	759	377	893	982	601
3,468	129	784	376	767	1,019	645
4,736	209	913	404	779	1,210	820
5,916	187	995	437	649	1,309	969
6,784	142	889	483	497	1,048	946
6,849	192	817	439	79	754	644
9,311	263	716	589	3	751	851
8,393	206	671	512	36	906	950
24	10	—	1	61	590	103
28	9	—	0	59	575	117
25	11	—	1	0	512	113
26	10	—	0	0	495	116
64	117	—	0	54	527	109
33	104	—	1	67	537	121
32	10	—	0	68	473	127
21	10	—	0	23	456	89
27	11	—	0	12	543	112
29	8	—	0	107	528	126

貨物トンキロ（3）

年 ＼ 国名	アメリカ	カナダ	イギリス	フランス	ドイツ	イタリア
（国際線・国内線合計）						
2013	37,114	1,946	6,032	4,327	7,334	895
2014	38,225	2,084	5,917	4,151	7,184	992
2015	37,219	2,075	5,467	4,098	6,985	945
2016	37,890	2,246	5,604	4,155	6,986	1,092
2017	41,592	2,841	5,917	4,261	7,391	1,406
2018	42,985	3,434	6,198	4,444	7,970	1,418
2019	42,498	2,395	5,851	4,523	7,764	1,345
2020	40,793	2,306	3,667	2,468	9,166	979
2021	46,005	3,240	4,097	4,107	11,533	1,151
2023	45,973	3,098	4,020	4,090	12,857	1,587
（国際線）						
2013	21,786	1,591	6,031	4,016	7,329	894
2014	22,606	1,714	5,917	3,830	7,179	991
2015	21,596	1,676	5,465	3,637	6,980	944
2016	21,706	1,840	5,603	3,690	6,976	1,091
2017	24,727	2,311	5,916	3,823	7,382	1,405
2018	25,865	2,770	6,198	3,972	7,932	1,416
2019	25,367	1,760	5,851	3,976	7,727	1,343
2020	22,548	1,681	3,667	2,161	9,135	977
2021	26,939	2,381	4,097	3,599	11,501	1,116
2022	27,507	2,255	4,020	3,647	12,824	1,548
（国内線）						
2013	15,328	355	1	311	5	1
2014	15,619	370	0	321	5	1
2015	15,623	399	2	461	5	1
2016	16,184	406	1	465	10	1
2017	16,865	530	1	438	9	1
2018	17,120	664	0	472	38	2
2019	17,131	635	0	547	37	2
2020	18,245	625	0	307	31	2
2021	19,066	859	0	508	32	35
2022	18,466	843	0	443	33	39

出典：ICAO, Annual Report of the Council(2024/03/25現在)

＃：デンマーク、ノルウェー、スウェーデン

単位：百万トンキロ

スペイン	スイス	オランダ	ルクセンブルク	アイルランド	北欧3国[#]	ロシア連邦
958	1,444	5,754	5,225	118	586	4,249
963	1,509	5,726	5,753	127	563	4,414
1,041	1,322	5,293	6,309	139	596	4,761
1,065	1,533	4,746	6,878	118	834	5,863
1,066	1,581	5,698	7,321	167	772	6,845
1,117	1,841	5,887	7,323	164	741	6,811
1,191	1,641	5,656	7,188	175	986	6,621
494	843	4,145	7,345	132	304	4,315
851	1,231	4,346	8,589	86	349	5,888
956	1,313	3,372	7,989	129	515	1,006
938	1,444	5,754	5,225	117	583	3,449
939	1,508	5,726	5,753	126	555	3,642
1,016	1,322	5,293	6,309	139	586	4,129
1,043	1,532	4,746	6,878	118	824	5,206
1,048	1,581	5,698	7,321	166	762	6,167
1,102	1,841	5,887	7,323	163	737	6,130
1,173	1,640	5,656	7,188	175	914	5,805
482	843	4,132	7,345	132	250	3,608
840	1,231	4,346	8,589	86	295	4,996
929	1,313	3,372	7,989	129	404	670
20	0	0	—	1	3	800
24	1	0	—	1	8	772
25	0	0	—	0	10	632
22	1	0	—	0	10	657
18	0	0	—	1	10	678
15	0	0	—	1	4	681
18	1	0	—	0	72	816
12	0	13	—	0	54	707
11	0	0	—	0	54	892
27	0	0	—	0	111	336

1-5 不定期国際輸送実績

（旅客キロの推移）

単位：百万人キロ

年	不定期輸送#	定期航空会社の 定期輸送実績	合　計	不定期輸送 比率（%）
2013	229,660	3,662,030	3,891,690	5.9
	(101.9)	(105.7)	(105.5)	
2014	236,320	3,889,573	4,125,893	5.7
	(102.9)	(106.2)	(106.0)	
2015	216,615	4,179,405	4,396,020	4.9
	(91.7)	(107.5)	(106.5)	
2016	185,241	4,500,243	4,685,484	4.0
	(85.5)	(107.7)	(106.6)	
2017	203,033	4,878,603	5,081,637	4.0
	(109.6)	(108.4)	(108.5)	
2018	214,706	5,225,138	5,439,844	3.9
	(105.7)	(107.1)	(107.0)	
2019	236,737	5,467,358	5,704,095	4.2
	(110.3)	(104.6)	(104.9)	
2020	103,553	1,328,744	1,432,298	7.2
	(43.7)	(24.3)	(25.1)	
2021	150,126	1,342,499	1,492,625	10.1
	(145.0)	(101.0)	(104.2)	
2022	154,244	3,379,047	3,533,290	4.4
	(102.7)	(151.7)	(136.7)	

出典：ICAO, Annual Report of the Council（2024/03/25現在）

　#　：定期航空会社の不定期輸送実績と不定期航空会社輸送実績の合計値

（　）：対前年比（%）

注　：出典元資料に基づき過去のデータを修正

1-6 世界民間航空会社の輸送実績

国際線・国内線合計

項　目／年	2020	2021	2022 実績	2022 対前年増減率(%)
定期輸送				
旅客数（千人）	1,791,566	2,283,810	3,262,280	42.8
旅客キロ（百万人キロ）	2,960,574	3,627,762	5,888,775	62.3
座席キロ（百万座席キロ）	4,540,414	5,359,836	7,525,183	40.4
座席利用率（%）	65	68	78	10.0
有償トンキロ				
旅客トンキロ（百万トンキロ）	277,077	337,392	549,711	62.9
貨物トンキロ（百万トンキロ）	193,776	233,070	220,209	-5.5
郵便トンキロ（百万トンキロ）	4,903	4,265	3,794	-11.0
有償トンキロ合計(百万トンキロ)	475,756	574,727	773,714	34.6
有効トンキロ（百万トンキロ）	795,162	928,215	1,177,261	26.8
重量利用率（%）	60	62	66	4.1

出典：ICAO, Annual Report of the Council(2024/03/25現在)

注　：出典元資料に基づき、旅客数以外の過去のデータを修正

国際線

項　　目／年	2020	2021	2022 実績	2022 対前年増減率(%)
定期輸送				
旅客数（千人）	461,487	527,458	1,215,378	130.4
旅客キロ（百万人キロ）	1,328,744	1,342,499	3,379,047	151.7
座席キロ（百万座席キロ）	1,660,930	1,678,124	4,223,809	151.7
座席利用率（％）	63	58	78	34.5
有償トンキロ				
旅客トンキロ（百万トンキロ）	127,965	129,963	323,217	148.7
貨物トンキロ（百万トンキロ）	163,596	200,277	191,141	-4.6
郵便トンキロ（百万トンキロ）	3,379	2,465	2,128	-13.7
有償トンキロ合計(百万トンキロ)	294,940	332,705	516,486	55.2
有効トンキロ（百万トンキロ）	494,477	537,267	771,268	43.6
重量利用率（％）	60	62	67	8.1
不定期輸送				
旅客キロ（百万人キロ）	103,553	150,126	154,244	2.7
民間輸送総計				
旅客キロ（百万人キロ）	1,432,297	1,492,625	3,533,291	136.7

出典：ICAO, Annual Report of the Council(2024/03/25現在)
注　：出典元資料に基づき、旅客数以外の過去のデータを修正

国内線

項　　目／年	2020	2021	2022 実績	2022 対前年増減率(%)
定期便				
旅客数（千人）	1,331,379	1,756,352	2,046,902	16.5
旅客キロ（百万人キロ）	1,640,701	2,285,263	2,509,728	9.8
座席キロ（百万座席キロ）	2,893,202	3,681,712	3,301,374	-10.3
座席利用率（%）	57	62	76	22.5
有償トンキロ				
旅客トンキロ（百万トンキロ）	150,003	207,429	226,494	9.2
貨物トンキロ（百万トンキロ）	29,122	32,793	29,068	-11.4
郵便トンキロ（百万トンキロ）	1,524	1,800	1,666	-7.4
有償トンキロ合計(百万トンキロ)	180,649	242,022	257,228	6.3
有効トンキロ（百万トンキロ）	310,971	390,948	405,993	3.8
重量利用率（%）	58	62	63	2.3

出典：ICAO, Annual Report of the Council(2024/03/25現在)
注　：出典元資料に基づき、旅客数以外の過去のデータを修正

1-7 ＩＡＴＡ加盟航空会社の従業員数[#]

項　目／年	2013	2014	2015	2016
従業員数（千人）				
操縦士・副操縦士	162	173	183	189
	(3.1)	(-6.7)	(6.1)	(3.0)
その他の乗務員	3	4	4	6
	(-4.5)	(-30.9)	(11.7)	(43.2)
客室乗務員	377	401	420	436
	(3.7)	(-6.2)	(4.7)	(3.9)
整備士	200	207	217	207
	(-2.1)	(-3.5)	(4.9)	(-4.5)
営業職員	150	140	145	147
	(4.2)	(-6.4)	(3.0)	(1.9)
空港職員	256	257	288	296
	(7.3)	(-0.3)	(11.9)	(2.8)
その他	458	476	504	512
	(-2.8)	(-3.9)	(5.9)	(1.6)
合　計	1,615	1,658	1,760	1,793
	(2.0)	(2.7)	(6.2)	(1.9)

出典：IATA, World Air Transport Statisitics（2023/01/10現在）

　＃　：各歴年末の従業員数

（　）：対前年増減率（％）

2017	2018	2019	2020	2021	2022
178	188	195	176	182	171
(−5.7)	(5.4)	(3.8)	(−9.4)	(3.1)	(−5.9)
6	6	5	5	4	7
(−0.1)	(−9.4)	(−7.4)	(−7.6)	(−29.9)	(90.0)
424	445	451	362	373	348
(−2.7)	(4.9)	(1.4)	(−19.7)	(2.9)	(−6.7)
193	205	205	176	172	151
(−6.9)	(5.9)	(0.0)	(−13.9)	(−2.1)	(−12.4)
148	143	142	110	110	116
(−2.9)	(−3.1)	(−1.3)	(−22.6)	(0.3)	(6.0)
258	270	259	227	234	235
(−12.8)	(4.8)	(−4.0)	(−12.6)	(3.3)	(0.3)
510	487	499	442	448	393
(−0.4)	(−4.4)	(2.3)	(−11.4)	(1.5)	(−12.4)
1,712	1,744	1,755	1,500	1,523	1,422
(−4.5)	(1.9)	(0.6)	(−14.6)	(1.6)	(−6.7)

２．財務状況

世界定期航空会社収支

項　目　／　年	2013	2014	2015	2016	2017
営　業　収　入	720,200	766,900	720,500	709,000	757,600
対前年増減率(%)	2.1	6.5	-6.1	-1.6	6.9
営　業　費　用	694,900	725,200	660,700	643,800	697,900
対前年増減率(%)	10.4	4.4	-8.9	-2.6	8.4
営　業　利　益	25,300	41,700	59,800	65,200	59,700
営業利益率(%)	3.5	5.4	8.3	9.2	7.9
税　引　後　利　益	18,100	17,300	37,500	40,700	40,100
売上高税引後利益率(%)	2.5	2.3	5.2	5.7	5.3

出典：ICAO, Annual Report of the Council （2024/03/25現在）

注　：税引後利益は、営業利益に営業外項目（利子や補助金など）と所得税を
　　　加減算して算出したものである。
　　　この表の営業利益と税引後利益は営業収入と営業費用のそれぞれ大きな
　　　推定値のわずかな差異であるため相当な不確実性を伴う。

単位：百万米ドル

2018	2019	2020	2021	2022	年平均伸び率(%)	
					2019/ 2013	2022/ 2020
814,200	841,300	381,100	508,600	730,500		
7.5	3.3	−54.7	33.5	43.6	2.6	38.4
763,300	796,300	493,100	547,600	718,000		
9.4	4.3	−38.1	11.1	31.1	2.3	20.7
50,900	45,000	−112,000	−39,000	12,500		
6.3	5.3	−29.4	−7.7	1.7	−	−
33,400	31,900	−139,100	−44,497	−3,500		
4.1	3.8	−36.5	−8.7	−0.5	−	−

3．空港統計

3-1 世界の部門別ランキング上位空港

都市（空港）	順位 2022	順位 2021	順位 2020	都市（空港）	順位 2022	順位 2021	順位 2020	都市（空港）
	旅客数				国際線旅客数			貨物取扱量
アトランタ（ATL）	1	1	2	ドバイ（DXB）	1	1	1	香港（HKG）
ダラス（DFW）	2	2	4	ロンドン（LHR）	2	7	6	メンフィス（MEM）
デンバー（DEN）	3	3	8	アムステルダム（AMS）	3	3	2	アンカレッジ（ANC）
シカゴ（ORD）	4	4	13	パリ（CDG）	4	5	5	上海（PVG）
ドバイ（DXB）	5	27	19	イスタンブール（SAW）	5	2	4	ルイビル（SDF）
ロサンゼルス（LAX）	6	5	15	フランクフルと（FRA）	6	4	7	ソウル（ICN）
イスタンブール（IST）	7	14	20	マドリード（MAD）	7	9	3	台北（TPE）
ロンドン（LHR）	8	54	23	ドーハ（DOH）	8	6	31	マイアミ（MIA）
ニューデリー（DEL）	9	13	16	シンガポール（SIN）	9	95	10	ロサンゼルス（LAX）
パリ（CDG）	10	31	21	ロンドン（LGW）	10	55	28	東京（NRT）
ニューヨーク（JFK）	11	25	45	バルセロナ（BCN）	11	13	22	ドーハ（DOH）
ラスベガス（LAS）	12	10	22	ダブリン（DUB）	12	28	15	シカゴ（ORD）
アムステルダム（AMS）	13	34	30	ニューヨーク（JFK）	13	12	20	フランクフルト（FRA）
マイアミ（MIA）	14	12	38	ミュンヘン（MUC）	14	17	24	パリ（CDG）
マドリード（MAD）	15	42	41	アンタルヤ（AYT）	15	8	18	広州（CAN）
東京（HND）	16	32	12	リスボン（LIS）	16	15	21	シンガポール（SIN）
オーランド（MCO）	17	7	27	ウィーン（VIE）	17	16	14	シンシナティ（CVG）
フランクフルト（FRA）	18	39	37	ロンドン（STN）	18	37	39	ドバイ（DXB）
シャーロット（CLT）	19	6	18	パリ（ORY）	19	14	17	ライプツィヒ（LEJ）
メキシコシティ（MEX）	20	17	25	チューリッヒ（ZRH）	20	19	86	深圳（SZX）
シアトル（SEA）	21	16	32	ローマ（FCO）	21	33	37	アムステルダム（AMS）
フェニックス（PHX）	22	11	26	マンチェスター（MAN）	22	51	30	ニューヨーク（JFK）
ニューアーク（EWR）	23	28	54	マイアミ（MIA）	23	11	33	イスタンブール（IST）
サンフランシスコ（SFO）	24	40	50	トロント（YYZ）	24	43	51	ロンドン（LHR）
バルセロナ（BCN）	25	57	67	パルマデマヨルカ（PMI）	25	20	44	インディアナポリス（IND）
ヒューストン（IAH）	26	19	39	コペンハーゲン（CPH）	26	29	50	バンコク（BKK）
ジャカルタ（CGK）	27	64	35	カンクン（CUN）	27	10	356	リエージュ（LGG）
ムンバイ（BOM）	28	52	51	ジッダ（JED）	28	53	25	北京（PEK）
ボストン（BOS）	29	44	68	テルアビブ（TLV）	29	42	29	ルクセンブルク（LUX）
ドーハ（DOH）	30	61	71	ブリュッセル（BRU）	30	22	34	ケルン（CGN）

出典：Airports Council International, Annual World Airport Traffic Report, 2023 EDITION

https://store.aci.aero/product/annual-world-airport-traffic-report-2023/ （2024/04/01現在）

　注：各暦年の順位を記載

58

				国際線貨物取扱量					離着陸回数		
順位			都市(空港)	順位			都市(空港)	順位			
2022	2021	2020		2022	2021	2020		2022	2021	2020	
1	1	2	香港(HKG)	1	1	1	アトランタ(ATL)	1	1	1	
2	2	1	ソウル(ICN)	2	2	3	シカゴ(ORD)	2	2	2	
3	4	4	上海(PVG)	3	3	2	ダラス(DFW)	3	3	3	
4	3	3	台北(TPE)	4	4	4	デンバー(DEN)	4	4	4	
5	6	5	東京(NRT)	5	5	7	ラスベガス(LAS)	5	7	10	
6	5	6	アンカレッジ(ANC)	6	7	6	ロサンゼルス(LAX)	6	6	7	
7	7	7	ドーハ(DOH)	7	6	5	シャーロット(CLT)	7	5	6	
8	12	10	マイアミ(MIA)	8	10	8	マイアミ(MIA)	8	10	24	
9	8	8	フランクフルト(FRA)	9	9	9	ニューヨーク(JFK)	9	27	49	
10	9	11	シンガポール(SIN)	10	11	10	イスタンブール(IST)	10	33	53	
11	10	9	パリ(CDG)	11	12	12	アムステルダム(AMS)	11	30	30	
12	11	12	ドバイ(DXB)	12	8	11	ニューデリー(DEL)	12	18	25	
13	14	14	シカゴ(ORD)	13	13	14	フェニックス(PHX)	13	8	13	
14	15	16	ロサンゼルス(LAX)	14	14	15	パリ(CDG)	14	44	38	
15	16	15	アムステルダム(AMS)	15	15	13	ニューアーク(EWR)	15	31	44	
16	17	17	ライプツィヒ(LEJ)	16	16	16	シアトル(SEA)	16	11	14	
17	21	21	イスタンブール(IST)	17	28	18	ヒューストン(IAH)	17	9	21	
18	13	13	広州(CAN)	18	19	17	東京(HND)	18	37	17	
19	19	20	ロンドン(LHR)	19	18	19	メキシコシティ(MEX)	19	17	31	
20	20	19	バンコク(BKK)	20	20	21	フランクフルト(FRA)	20	42	42	
21	18	18	リエージュ(LGG)	21	17	20	ロンドン(LHR)	21	62	47	
22	22	26	ニューヨーク(JFK)	22	22	24	ボストン(BOS)	22	40	46	
23	38	53	ルクセンブルク(LUX)	23	21	22	サンフランシスコ(SFO)	23	41	36	
24	23	23	ケルン(CGN)	24	23	23	オーランド(MCO)	24	21	41	
25	26	24	大阪(KIX)	25	25	26	マドリード(MAD)	25	52	64	
26	27	28	深圳(SZX)	26	36	27	ニューヨーク(LGA)	26	75	82	
27	24	25	ミラノ(MXP)	27	29	25	ドバイ(DXB)	27	48	54	
28	25	22	ルイビル(SDF)	28	32	35	トロント(YYZ)	28	78	60	
29	28	27	メンフィス(MEM)	29	27	32	ロングビーチ(LGB)	29	13	16	
30	29	30	ボゴタ(BOG)	30	34	29	ソルトレイクシティ(SLC)	30	16	18	

3-2 世界主要空港出入状況（1）

国 名（地域）	都市（空港）	旅客（出発＋到着）（千人）					
		合 計 ／ 年			国 際 ／ 年		
		2022	2021	2020	2022	2021	2020
中国	北京（PEK）	12,703	32,639	34,514	455	396	2,892
	広州（CAN）	26,105	40,259	43,768	779	674	2,515
	上海（PVG）	14,178	32,207	30,477	1,344	820	4,090
	深圳（SZX）	21,563	36,358	37,916	153	93	616
香港SAR	香港（HKG）	5,650	1,355	8,826	5,639	1,345	8,814
インド	ムンバイ（BOM）	38,332	19,787	16,390	9,139	2,428	3,413
	デリー（DEL）	59,490	37,140	28,501	13,673	5,490	5,802
インドネシア	ジャカルタ（CGK）	39,603	17,427	19,332	7,080	1,242	3,060
日本	大阪（KIX）	7,940	3,069	6,556	2,350	254	3,507
	東京（NRT）	15,423	5,002	10,428	9,042	1,651	7,207
	東京（HND）	50,334	26,170	31,055	4,363	779	3,218
韓国	ソウル（ICN）	17,924	3,226	12,061	17,824	3,190	11,956
マレーシア	クアラルンプール（KUL）	25,399	4,012	13,156	14,104	1,260	8,198
シンガポール	シンガポール（SIN）	32,202	3,053	11,766	31,902	3,030	11,635
台湾	台北（TPE）	5,324	909	7,438	5,325	909	7,386
タイ	バンコク（BKK）	28,754	5,664	16,706	17,589	1,123	9,710
カタール	ドーハ（DOH）	35,730	17,703	12,559	35,727	17,702	12,522
サウジアラビア	ジッダ（JED）	31,649	13,994	12,140	19,288	5,211	6,165
アラブ首長国連邦	アブダビ（AUH）	15,689	5,371	5,662	15,546	5,262	5,563
	ドバイ（DXB）	66,070	29,111	25,837	66,070	29,111	25,831
	ドバイ（DWC）	914	0	432	914	0	432
オーストリア	ウィーン（VIE）	23,682	10,406	7,813	23,385	10,252	7,653
ベルギー	ブリュッセル（BRU）	18,887	9,326	6,726	18,822	9,309	6,693
	リエージュ（LGG）	160	73	42	159	72	41
デンマーク	コペンハーゲン（CPH）	22,110	9,167	7,512	20,452	8,055	6,696
英国	ロンドン（LGW）	32,848	6,262	10,173	30,145	5,011	9,222
	ロンドン（LHR）	61,614	19,395	22,111	58,243	17,625	20,650
	マンチェスター（MAN）	23,421	6,104	7,052	22,059	5,377	6,481
フランス	パリ（CDG）	57,474	26,197	22,257	51,764	22,617	19,058
ドイツ	ケルン（CGN）	8,757	4,254	3,081	8,089	3,912	2,376
	フランクフルト（FRA）	48,918	24,813	18,769	44,772	22,697	16,837
	ライプチヒ（LEJ）	1,559	668	530	1,344	601	420
	ミュンヘン（MUC）	31,643	12,496	11,113	26,824	10,197	8,549
アイルランド	ダブリン（DUB）	28,085	8,455	7,386	27,681	8,235	7,238
イタリア	ローマ（FCO）	29,346	11,655	9,828	22,120	7,173	6,196

| 貨物・郵便（千トン） | | | | | | 離着陸回数（千回） | | | | | |
| 合　計　／　年 | | | 国際線貨物　／　年 | | | 合　計　／　年 | | | 定期輸送　／　年 | | |
2022	2021	2020	2022	2021	2020	2022	2021	2020	2022	2021	2020
989	1,401	1,210	545	726	589	158	298	291	158	289	283
1,885	2,045	1,759	1,352	1,350	1,096	267	362	373	263	359	370
3,117	3,983	3,687	2,568	3,246	2,953	204	350	326	200	345	320
1,507	1,568	1,399	717	596	460	236	318	320	232	313	316
4,199	5,025	4,468	4,169	4,986	4,420	149	157	173	134	141	156
775	777	607	539	562	441	277	192	146	265	181	139
921	948	743	559	598	464	421	327	249	408	314	239
716	703	521	343	404	279	304	193	212	304	193	212
816	844	733	784	809	701	94	67	83	91	64	80
2,399	2,644	2,017	2,356	2,591	1,959	167	131	138	162	126	129
857	893	841	348	434	334	388	274	280	…	…	…
2,946	3,329	2,822		3,273	2,759	188	150	162	171	131	150
678	653	521	541	541	430	199	74	125	198	74	125
1,870	1,970	1,578	1,753	1,947	1,544	223	113	129	219	109	125
2,539	2,812	2,343	2,522	2,794	2,323	112	107	118	70	49	80
1,185	1,120	904	1,172	1,113	894	223	112	153	177	112	153
2,322	2,620	2,175	2,301	2,589	2,145	244	197	155	209	167	130
275	216	193	243	177	167	212	129	96	203	123	94
588	720	546	582	711	538	114	74	61	94	89	51
1,728	2,319	1,932	1,728	2,319	1,932	343	233	184	336	226	179
468	205	387	468	205	387	41	25	22	21	7	10
176	176	155	169	170	148	205	128	109	187	111	94
621	668	512	616	660	506	179	119	96	161	104	83
1,140	1,412	1,114	1,139	1,410	1,113	38	46	40	27	37	33
282	287	223	274	…	…	202	109	98	185	104	94
40	14	28	37	12	26	218	56	80	217	52	76
1,398	1,454	1,207	1,351	1,403	1,145	380	195	205	377	190	201
66	53	49	66	52	49	159	67	67	150	60	61
1,926	2,062	1,746	1,803	1,905	1,612	409	256	221	403	250	212
958	967	842	914	923	810	121	91	79	103	75	66
1,967	2,275	1,914	1,890	2,195	1,819	382	262	212	369	252	204
1,509	1,589	1,378	1,424	1,503	1,300	81	76	64	73	68	56
267	173	151	230	139	119	285	153	147	264	134	131
143	144	124	135	133	113	212	92	88	199	82	80
141	101	75	133	94	68	213	114	103	208	111	100

3-2 世界主要空港出入状況 (2)

国　　名	都市（空港）	旅客（出発＋到着）（千人）					
		合　計 ／ 年			国　際 ／ 年		
		2022	2021	2020	2022	2021	2020
ルクセンブルク	ルクセンブルク (LUX)	4,114	2,039	1,446	4,114	2,038	1,446
オランダ	アムステルダム (AMS)	52,472	25,493	20,887	52,467	25,489	20,881
ロシア	モスクワ (SVO)	28,422	30,943	19,784	6,389	9,098	6,373
スペイン	バルセロナ (BCN)	41,616	18,861	12,726	29,422	11,225	7,893
	マドリッド (MAD)	50,603	24,122	17,095	36,231	15,338	11,052
スイス	チューリッヒ (ZRH)	22,503	10,201	8,317	22,160	10,004	8,133
トルコ	イスタンブール (IST)	64,289	36,988	23,330	48,522	26,466	15,945
	イスタンブール (ISL)	0	0	0	0	0	0
	アンタルヤ (AYT)	31,204	22,044	9,749	25,267	17,248	6,585
カナダ	トロント (YYZ)	35,627	12,702	13,400	21,273	5,927	7,947
コロンビア	ボゴタ (BOG)	35,263	22,091	10,811	10,949	5,129	2,989
メキシコ	メキシコ (MEX)	46,259	36,057	21,982	14,506	10,145	5,790
ブラジル	サンパウロ (GRU)	34,481	24,164	20,360	10,834	3,705	4,224
米国	アンカレッジ (ANC)	5,329	4,489	2,444	41	1	1
	アトランタ (ATL)	93,700	75,705	42,919	9,965	5,679	3,256
	シャーロット (CLT)	47,759	43,302	27,205	3,505	2,021	1,093
	シカゴ (ORD)	68,341	54,020	30,860	11,275	5,614	3,619
	ダラス (DFW)	73,363	39,365	39,365	9,797	3,425	3,425
	デンバー (DEN)	69,286	58,829	33,741	3,321	1,901	949
	デトロイト (DTW)	28,161	23,611	14,105	1,920	819	743
	ヒューストン (IAH)	40,975	31,866	18,214	9,532	6,252	3,612
	インディアナポリス (IND)	8,693	7,176	4,105	56	22	34
	ラスベガス (LAS)	52,694	39,754	22,255	2,537	758	781
	ロサンゼルス (LAX)	65,924	48,007	28,780	15,950	7,842	6,302
	ルイビル (SDF)	388	3,177	1,637	…	…	…
	メンフィス (MEM)	4,480	3,704	2,131	3	3	4
	マイアミ (MIA)	50,684	37,302	18,664	21,389	13,066	7,407
	ミネアポリス (MSP)	31,242	25,202	14,851	2,040	741	860
	ニューヨーク (JFK)	55,288	30,788	16,631	26,838	12,751	8,363
	ニューヨーク (LGA)	28,998	15,601	8,245	1,013	281	392
	ニューアーク (EWR)	43,565	29,050	15,893	11,622	6,603	3,772
	フィラデルフィア (PHL)	25,242	19,638	11,865	2,975	1,058	701
	フェニックス (PHX)	44,398	38,847	21,929	2,110	1,245	779
	サンフランシスコ (SFO)	42,282	24,344	16,428	9,308	3,336	3,292

出典：Airports Council International,
　　　Annual World Airport Traffic Report, 2023 EDITION

| 貨物・郵便（千トン） | | | | | | 離着陸回数（千回） | | | | | |
| 合計／年 | | | 国際線貨物／年 | | | 合計／年 | | | 定期輸送／年 | | |
2022	2021	2020	2022	2021	2020	2022	2021	2020	2022	2021	2020
970	1,089	905	970	1,088	905	94	75	65	75	52	44
1,446	1,681	1,456	1,438	1,667	1,442	422	286	241	398	267	227
219	302	238	114	166	125	203	243	186	203	237	181
157	137	115	148	129	110	283	164	123	269	152	115
578	536	414	536	495	375	352	218	166	332	200	154
277	238	182	268	227	170	217	133	111	180	96	83
1,440	773	501	1,381	716	474	426	280	186	418	276	181
59	826	811	58	811	795	426	41	37	395	18	19
12	6	3	6	1	1	198	141	71	185	126	59
498	417	391	344	278	255	337	173	175	302	145	158
772	742	596	649	608	501	297	215	128	…	215	128
574	571	473	484	472	390	387	328	239	364	306	221
433	374	298	293	232	191	243	189	156	230	181	149
3,463	3,555	3,158	2,351	2,439	2,222	277	275	242	190	177	155
689	735	599	395	406	290	724	708	548	673	662	544
188	152	175	34	12	7	506	520	398	440	456	351
2,236	2,537	2,003	558	1,879	1,406	712	684	538	695	660	504
819	791	791	334	263	263	657	515	515	592	444	444
328	305	300	16	8	5	608	581	437	604	578	435
185	176	171	43	33	29	285	287	239	248	240	198
542	512	453	200	163	118	400	379	268	391	371	261
1,252	1,331	1,013	193	180	118	194	181	144	176	170	133
118	109	109	9	1	3	581	487	323	414	336	252
2,490	2,692	2,229	1,584	1,673	1,363	557	507	379	522	475	356
3,067	3,052	2,917	697	644	550	176	172	152	163	160	143
4,043	4,480	4,613	665	719	721	213	216	203	182	187	181
2,500	2,521	2,138	2,032	2,041	1,731	458	388	251	456	386	250
236	235	204	…	…	…	310	304	245	292	287	233
1,442	1,461	1,104	980	956	723	449	290	200	433	287	194
7	8	7	0	0	0	349	176	139	341	173	135
732	780	672	219	233	174	401	282	211	387	278	206
567	583	565	139	124	111	255	269	220	240	254	211
379	401	381	6	3	3	419	408	310	410	350	260
491	529	439	287	301	226	355	266	231	302	216	194

4．地域別統計

4-1 米国

Airlines for America

項　目　／　年	2018	2019	2020	2021	2022
（国際・国内合計）					
有償旅客数（千人）	889,020	926,738	369,481	673,674	857,148
旅客マイル（百万）	1,011,517	1,055,591	378,114	699,140	952,862
座席マイル（百万）	1,208,203	1,247,052	643,364	943,052	1,153,996
有償座席利用率（%）	83.7	84.6	58.8	74.1	83
貨物トンマイル（百万）	43,760	42,592	46,371	52,530	51,120

出典：Airlines for America(A4A)/Economic Report
https://www.airlines.org/ （2024/04/01現在）
注　：貨物に郵便を含む
Airlines for America（A4A）加盟航空会社：
　　　アラスカ航空、アメリカン航空、アトラス航空、ハワイアン航空、ジェットブルー航空、
　　　サウスウエスト航空、ユナイテッド航空、フェデックス、ユナイテッド・パーセル・サービス、
　　　デルタ航空の１０社

4-2 アジア太平洋地域

Association of Asia Pacific Airlines

項目　／　年	2018	2019	2020	2021	2022
（国際線）					
旅客数（千人）	356,568	375,481	69,483	16,685	120,281
有償旅客ｋm（百万）	1,319,392	1,384,881	271,488	76,504	474,256
有効座席ｋm（百万）	1,635,959	1,711,350	447,053	238,974	642,059
座席利用率（%）	80.6	80.9	60.7	32.0	68.7
貨物トンキロ（百万）	73,219	71,294	60,210	72,355	66,096

注　：貨物に郵便を含む
出典：Association of Asia Pacific Airlines
https://www.aapairlines.org/ （2024/04/01現在）
Association of Asia Pacific Airlines加盟航空会社：
　　　エア・アスタナ、全日本空輸、エア・インディア、バンコクエアウェイズ、
　　　キャセイパシフィック航空、中華航空、エバー航空、ガルーダ・インドネシア航空、日本航空、
　　　マレーシア航空、フィリピン航空、ロイヤルブルネイ航空、シンガポール航空、タイ国際航空、
　　　ベトナム航空の１５社

4-3 ヨーロッパ地域

2016年に設立された Airlines for Europe（A4E）は統計を公表していない。

Airlines for Europe加盟航空会社グループ：
エーゲ航空（AEGEAN）、エア・バルティック、エールフランスＫＬＭグループ、カーゴルックス航空、
イージージェット、フィンエアー、インターナショナル・エアラインズ・グループ(IAG)、
アイスランド航空、ジェットツー・コム（Jet2.com）、ルフトハンザグループ、
ノルウェージャン（Norwegian）、ライアンエア、 スマートウィングズ、TAPポルトガル航空、
TUIエアウェイズ、ボロテア(Volotea)、 の１６航空会社グループ
出典：A4Eホームページ https://a4e.eu/（2023/11/07現在）

II 世界民間航空（会社別統計）

1. 輸　送　実　績

2. 航　　空　　機

3. 人　員　統　計

1. 輸送実績

1-1 定期輸送実績上位の航空会社 2022年

順位	旅客数 国際・国内線合計	千人	旅客キロ 国際・国内線合計	百万人キロ
1	アメリカン航空	150,819	アメリカン航空	308,155
2	デルタ航空	141,663	ユナイテッド航空	306,100
3	ユナイテッド航空	112,565	デルタ航空	292,309
4	ターキッシュエアラインズ	68,154	サウスウエスト航空	199,305
5	中国南方航空	44,445	エミレーツ航空	198,826
6	エールフランス	38,282	ライアンエア[1,4]	185,381
7	エミレーツ航空	37,720	ターキッシュエアラインズ	154,694
8	中国東方航空	35,470	カタール航空	154,373
9	英国航空	32,870	エールフランス	122,605
10	ブエリング航空	31,949	ルフトハンザドイツ航空[4]	107,370
11	カタール航空	29,467	英国航空[4]	104,381
12	全日本空輸	29,200	エアカナダ	92,451
13	ボラリス	28,212	LATAM航空[4]	91,081
14	アズールブラジル航空	26,503	イージージェット[1,4]	85,893
15	KLMオランダ航空	25,838	ジェットブルー[2]	84,607
16	ペガサス航空	25,501	KLMオランダ航空[4]	82,289
17	サウジアラビア航空	24,787	インディゴ航空[1]	82,200
18	中国国際航空	23,580	アラスカ航空	78,763
19	カンタス航空	22,311	シンガポール航空	75,782
20	日本航空	22,212	中国南方航空	68,260
21	アビアンカ航空	18,846	スピリット航空[2]	64,016
22	スカンジナビア航空	17,814	ウィズエアー[1,4]	63,613
23	ヴァージン・オーストラリア	16,867	アエロフロート・ロシア航空[1]	56,534
24	ユーロウィングス	16,129	サウジアラビア航空	52,193
25	アエロメヒコ航空	15,656	中国東方航空	51,227
26	厦門航空	15,456	イベリア航空	50,402
27	ジェットスター航空	15,015	カンタス航空[4]	48,412
28	シンガポール航空	14,865	エティハド航空	45,581
29	イベリア航空	14,585	全日本空輸[4]	44,108
30	TAPポルトガル航空	13,754	エアインディア[1]	43,958

出典：

IATA, World Air Transport Statisticsを
基に作成（2024/03/18現在）

注： IATAによるランキングデータの公表
がないため、IATA旅客キロランキン
グ200よりデータを抽出した。
そのため、一部の会社が欠落した可
能性あり。

出典：

IATA, World Air Transport Statistics
（2024/02/16現在）

#1：IATAによる推計(Flight Rader24の活用
を含む)

#2：米国DOTによる統計値

#3：英国CAAによる統計値（該当なし）

#4：グループ航空会社の実績を含む

1-2 貨物輸送実績上位の航空会社 2022年

順位	輸送重量 国際・国内線合計	千トン	輸送トンキロ 国際・国内線合計	百万トンキロ
1	フェデックス	7,832	フェデックス	19,547
2	カタール航空	2,474	ユナイテッド・パーセル・サービス	15,889
3	エミレーツ航空	1,882	カタール航空	14,267
4	大韓航空	1,683	エミレーツ航空	10,153
5	ターキッシュエアラインズ	1,660	大韓航空	9,518
6	中華航空	1,490	アトラス航空	8,675
7	キャセイパシフィック航空	1,154	ターキッシュエアラインズ	8,318
8	全日本空輸	992	カーゴルックス	7,971
9	中国南方航空	968	中国南方航空	6,915
10	シンガポール航空	899	中華航空	6,359
11	順豊航空	895	アエロロジック[#1]	6,302
12	アシアナ航空	882	中国国際航空[#4]	6,077
13	エバー航空	842	キャセイパシフィック航空	5,774
14	カーゴルックス	839	カリッタエア	5,753
15	日本航空	725	シンガポール航空	5,193
16	中国国際航空	711	ルフトハンザドイツ航空[#4]	5,153
17	ユナイテッド航空	621	エバー航空	4,846
18	シルクウェイウエスト航空	615	全日本空輸[#4]	4,456
19	エティハド航空	557	ユナイテッド航空	4,429
20	エールフランス	523	アシアナ航空	3,994
21	カーゴジェット	453	エチオピア航空	3,646
22	ＡＳＬ航空ベルギー	438	エールフランス	3,549
23	英国航空	434	ポーラーエアカーゴ	3,486
24	アメリカン航空	431	日本航空	3,307
25	デルタ航空	356	ＬＡＴＡＭ航空グループ[#4]	3,250
26	中国東方航空	333	中国貨運航空	3,136
27	KLMオランダ航空	306	シルクウェイウエスト航空	2,943
28	日本貨物航空	294	英国航空[#4]	2,914
29	タイ国際航空	285	アメリカン航空	2,878
30	ＤＨＬインターナショナル	276	エティハド航空	2,854

出典：
IATA, World Air Transport Statisticsを
基に作成（2024/03/18現在）

注： IATAによるランキングデータの公表
　　 がないため、IATA輸送トンキロラン
　　 キング100よりデータを抽出した。
　　 そのため、一部の会社が欠落した可
　　 能性あり。

出典：
IATA, World Air Transport Statistics
（2024/02/16現在）

#1： IATAによる推計（Flight Rader24の活用
　　 を含む）
#4： グループ航空会社の実績を含む

1-3 定期輸送実績の構成

2022年 国際線・国内線合計 (1)

航 空 会 社 名	飛行距離	旅 客 数	旅客キロ	座席キロ
	千キロ	人	千人キロ	千座席キロ
日本航空	304,684	22,647,500	37,410,876	59,184,13
全日本空輸	434,339	29,188,759	44,107,876	72,070,82
シンガポール航空	376,934	14,865,200	75,782,200	96,616,00
カンタス航空	353,149	22,310,510	48,412,175	61,073,55
ヴァージン・オーストラリア	156,484	16,866,846	20,968,351	25,405,74
大韓航空	294,775	10,925,741	31,403,545	42,070,38
アシアナ航空	…	8,191,947	18,450,763	24,603,91
キャセイパシフィック航空	147,359	2,803,782	14,763,727	20,056,25
中国国際航空	402,483	23,580,122	37,173,165	59,726,09
中国東方航空	480,768	35,469,503	51,226,976	78,449,26
中国南方航空	692,539	44,445,134	73,276,424	111,303,46
海南航空	…	…	…	.
山東航空	…	…	…	.
厦門航空	212,683	15,455,628	24,624,046	36,612,44
深圳航空	187,648	12,256,138	18,903,113	29,681,81
中華航空	402,483	23,580,122	37,173,165	59,726,09
エバー航空	159,243	2,205,682	12,528,103	20,609,91
タイ国際航空	107,472	4,641,818	23,149,059	34,449,20
ガルーダ・インドネシア航空	56,155	5,559,800	8,662,704	12,502,48
マレーシア航空	226,142	7,373,006	16,748,882	22,634,70
エミレーツ航空	691,916	38,719,533	198,826,190	260,116,94
カタール航空	788,435	29,467,381	154,373,460	201,155,75
エティハド航空	221,044	9,864,708	45,581,023	56,570,88
ターキッシュエアラインズ	911,037	68,154,235	154,694,406	193,385,60

席用率	有償トンキロ				有効トンキロ	重量利用率
	旅客	貨物	郵便	計		
%	千トンキロ	千トンキロ	千トンキロ	千トンキロ	千トンキロ	%
3.2	3,186,838	3,160,323	146,573	6,493,734	9,129,698	71.1
1.2	3,694,277	4,352,248	104,124	8,150,649	15,556,244	52.4
8.4	7,088,523	5,162,245	30,504	12,281,272	18,795,900	65.3
9.3	4,863,512	1,108,239	246,282	6,218,033	9,352,220	66.5
2.5	1,887,152	13,004	0	1,900,156	…	…
4.6	2,826,319	9,437,689	79,956	12,343,964	15,647,013	78.9
5.0	1,660,569	3,993,582	0	5,654,150	6,752,562	83.7
3.6	1,416,135	5,711,308	62,756	7,190,200	10,099,807	71.2
2.2	3,282,881	4,269,579	44,670	7,597,129	12,720,369	59.7
5.3	4,528,460	610,678	28,301	5,167,439	8,592,080	60.1
5.8	6,452,778	5,709,151	54,852	12,216,781	18,530,778	65.9
…	…	…	…	…	…	…
…	…	…	…	…	…	…
7.3	2,176,313	415,204	15,806	2,607,324	4,473,680	58.3
3.7	1,669,175	256,919	12,266	1,938,360	3,343,962	58.0
2.2	3,282,881	4,269,579	44,670	7,597,129	12,720,369	59.7
0.8	1,127,529	4,827,565	18,037	5,973,131	7,480,474	79.8
7.2	2,314,906	1,276,175	14,241	3,606,883	5,433,903	66.4
9.3	851,033	266,317	6,166	1,123,516	1,766,073	63.6
4.0	1,493,545	952,501	41,634	2,487,680	4,039,060	61.6
6.4	19,127,749	10,084,345	69,148	29,281,241	45,441,256	64.4
6.7	13,893,611	14,130,879	135,790	28,160,281	46,454,034	60.6
0.6	3,646,482	2,826,066	28,063	6,500,611	0	…
0.0	16,135,637	8,243,619	74,714	24,453,971	32,673,695	74.8

2022年 国際線・国内線合計（2）

航 空 会 社 名	飛行距離	旅 客 数	旅客キロ	座席キロ
	千キロ	人	千人キロ	千座席キロ
アメリカン航空	1,964,751	150,819,076	308,155,177	369,941,019
ユナイテッド航空	1,871,495	112,565,075	306,100,200	367,043,979
デルタ航空	1,819,417	141,663,376	292,309,469	346,713,595
アラスカ航空	…	…	…	…
ハワイアン航空	…	…	…	…
サウスウエスト航空	…	…	…	…
スカイウエスト航空	…	…	…	…
ジェットブルー	…	…	…	…
スピリット航空	…	…	…	…
フロンティア航空	…	…	…	…
フェデックス	539,938	0	0	0
エア・カナダ	…	…	…	…
ゴル航空	…	…	…	…
ＬＡＴＡＭ航空グループ	102,261	8,029,892	19,192,119	23,193,463
エチオピア航空	…	…	…	…
アエロフロート・ロシア航空	…	…	…	…
ブリティッシュ・エアウェイズ	561,859	32,870,313	104,380,871	130,729,870
ヴァージンアトランティック航空	…	…	…	…
ルフトハンザドイツ航空	…	…	…	…
エールフランス	…	38,281,908	122,605,300	…
ＫＬＭオランダ航空	377,731	25,838,078	82,288,863	98,660,395
イベリア航空	219,514	14,584,766	50,402,043	59,941,178
ライアンエア	…	…	…	…

出典：IATA, World Air Transport Statistics
https://www.iata.org/en/services/statistics/industry-insights--market-data/
world-air-transport-statistics/　（2024/01/15現在）

座 席 利用率 %	有 償 ト ン キ ロ				有 効 トンキロ 千トンキロ	重 量 利用率 %
	旅 客 千トンキロ	貨 物 千トンキロ	郵 便 千トンキロ	計 千トンキロ		
83. 3	27, 988, 386	2, 709, 522	168, 952	30, 866, 860	49, 269, 349	62. 6
83. 4	32, 626, 991	4, 108, 605	320, 212	37, 055, 808	50, 042, 233	74. 0
84. 3	26, 307, 852	1, 973, 548	260, 834	28, 542, 234	46, 162, 245	61. 8
…	…	…	…	…	…	…
…	…	…	…	…	…	…
…	…	…	…	…	…	…
…	…	…	…	…	…	…
…	…	…	…	…	…	…
…	…	…	…	…	…	…
…	…	…	…	…	…	…
…	0	19, 539, 191	7, 319	19, 546, 510	37, 348, 465	52. 3
…	…	…	…	…	…	…
…	…	…	…	…	…	…
82. 7	1, 519, 642	636, 847	21, 110	2, 177, 599	3, 504, 870	62. 1
…	…	…	…	…	…	…
…	…	…	…	…	…	…
79. 8	10, 393, 250	2, 863, 647	50, 246	13, 307, 143	20, 067, 350	66. 3
…	…	…	…	…	…	…
…	11, 034, 476	3, 498, 879	50, 522	14, 583, 877	…	…
83. 4	4, 402, 195	2, 332, 070	20, 799	6, 755, 064	14, 626, 543	46. 2
84. 1	5, 040, 204	886, 932	4, 482	5, 931, 619	7, 577, 455	78. 3
…	…	…	…	…	…	…

2021年 国際線・国内線合計 (1)

航空会社名	飛行距離	旅客数	旅客キロ	座席キロ
	千キロ	人	千人キロ	千座席キロ
日本航空	242,595	10,755,053	13,275,925	38,155,788
全日本空輸	358,407	14,018,326	16,737,592	45,569,823
シンガポール航空	211,657	1,861,300	10,922,200	48,771,400
カンタス航空	151,497	9,250,057	11,699,808	21,261,887
ヴァージン・オーストラリア	74,279	6,625,327	8,015,113	12,546,959
大韓航空	270,446	5,686,534	8,589,171	23,436,214
アシアナ航空	…	5,095,541	5,109,620	13,903,399
キャセイパシフィック航空	175,159	717,059	4,119,928	13,227,608
中国国際航空	614,875	43,988,604	67,474,198	98,223,225
中国東方航空	807,412	644,488,581	88,544,824	128,559,296
中国南方航空	1,011,206	72,361,093	114,185,667	162,156,426
海南航空	…	…	…	…
山東航空	204,655	18,654,917	26,856,484	35,093,527
厦門航空	266,283	22,389,231	32,868,177	44,899,324
深圳航空	279,096	20,616,649	30,754,140	44,783,422
中華航空	186,846	171,462	632,118	3,789,221
エバー航空	149,583	291,949	1,640,471	8,202,964
タイ国際航空	29,929	191,524	1,276,105	9,870,147
ガルーダ・インドネシア航空	59,992	3,439,786	4,032,593	12,985,324
マレーシア航空	110,711	1,092,862	1,453,535	3,182,240
エミレーツ航空	506,457	14,986,905	69,383,570	130,133,692
カタール航空	717,623	14,833,033	72,292,975	146,359,655
エティハド航空	188,769	3,359,786	14,731,364	36,946,164
ターキッシュエアラインズ	694,263	43,674,389	84,957,376	126,030,221

74

席 用率	有 償 ト ン キ ロ				有 効 トンキロ	重 量 利用率
	旅 客	貨 物	郵 便	計		
%	千トンキロ	千トンキロ	千トンキロ	千トンキロ	千トンキロ	%
34.8	1,084,629	3,164,482	186,450	4,435,561	6,664,149	66.6
36.7	1,342,113	4,967,141	108,155	6,417,409	13,631,612	47.1
22.4	1,031,595	5,410,682	52,061	6,494,338	11,613,400	55.9
55.0	1,121,858	1,156,461	115,234	2,393,553	3,856,713	62.1
63.9	721,360	10,335	…	731,695	1,001,384	73.1
36.6	773,026	10,322,915	106,585	11,202,526	14,348,617	78.1
36.8	459,866	4,367,744	…	4,827,610	5,742,407	84.1
31.1	394,741	8,121,205	94,166	8,610,112	11,346,228	75.9
68.7	5,983,685	4,807,635	55,277	10,846,597	17,977,067	60.3
68.9	7,859,230	4,074,182	36,923	11,970,335	18,285,082	65.5
70.4	10,108,560	7,075,186	88,541	17,272,287	27,100,700	63.7
…	…	…	…	…	…	…
76.5	2,383,528	221,501	25,975	2,631,004	3,682,437	71.4
73.2	2,916,560	487,969	17,336	3,421,865	5,623,117	60.9
68.7	2,730,492	427,408	17,256	3,175,156	5,051,444	62.9
16.7	56,891	7,437,049	76,187	7,570,127	10,300,388	73.5
20.0	147,642	4,759,191	25,952	4,932,785	5,836,765	84.5
12.9	127,611	543,308	3,628	674,547	1,554,060	43.4
31.1	392,423	482,999	11,411	886,833	1,787,595	49.6
45.7	123,582	949,821	33,573	1,106,976	2,566,190	43.1
53.3	6,725,143	11,748,001	94,164	18,567,308	33,503,087	55.4
49.4	6,506,368	15,898,477	203,833	22,608,678	40,732,670	55.5
39.9	1,190,836	3,464,122	43,962	4,698,920	5,143,015	91.4
67.4	9,033,773	9,089,935	133,139	18,256,847	25,442,974	71.8

II 世界・会社別統計

2021年 国際線・国内線合計（2）

航 空 会 社 名	飛行距離	旅 客 数	旅客キロ	座席キロ
	千キロ	人	千人キロ	千座席キロ
アメリカン航空	1,632,086	116,173,477	219,663,307	293,034,294
ユナイテッド航空	1,352,184	72,492,508	178,084,383	250,465,602
デルタ航空	1,487,872	102,922,865	194,849,202	281,601,455
アラスカ航空	…	…	…	…
ハワイアン航空	103,369	6,513,735	16,060,815	23,192,309
サウスウエスト航空	…	…	…	…
スカイウエスト航空	…	…	…	…
ジェットブルー	…	…	…	…
スピリット航空	…	…	…	…
フロンティア航空	…	…	…	…
フェデックス	546,555	…	…	…
エア・カナダ	…	…	…	…
ゴル航空	144,422	18,537,192	21,152,054	25,704,633
ＬＡＴＡＭ航空グループ	52,750	3,492,389	7,210,468	10,812,414
エチオピア航空	249,932	7,065,954	21,898,776	39,173,895
アエロフロート・ロシア航空	336,698	21,378,790	51,555,899	69,291,715
ブリティッシュ・エアウェイズ	283,365	10,127,674	29,658,520	51,081,053
ヴァージンアトランティック航空	…	…	…	…
ルフトハンザドイツ航空	408,216	21,561,147	47,832,898	79,434,174
エールフランス	…	…	…	…
ＫＬＭオランダ航空	322,039	14,038,943	40,911,616	82,451,613
イベリア航空	138,008	7,547,995	24,353,163	35,629,007
ライアンエア	…	…	…	…

出典：IATA, World Air Transport Statistics

座席 利用率	有償トンキロ				有効 トンキロ	重量 利用率
	旅 客	貨 物	郵 便	計		
％	千トンキロ	千トンキロ	千トンキロ	千トンキロ	千トンキロ	％
75.0	19,928,443	2,800	237,147	20,168,390	40,438,099	49.9
71.1	17,730,587	4,436,356	339,563	22,506,506	36,411,742	61.8
69.2	17,536,428	1,839,535	296,557	19,672,520	36,881,130	53.3
...	...	...	...	...	...	...
69.3	1,445,473	231,637	3,521	1,680,631	3,625,933	46.4
...	...	...	...	...	...	...
...	...	...	...	...	...	...
...	...	...	...	...	...	...
...	...	...	...	...	...	...
...	...	...	...	...	...	...
...	...	20,654,300	6,038	20,660,338	37,644,981	54.9
...	...	...	...	...	...	...
82.3	1,834,247	54,536	...	1,888,783	2,791,390	67.7
66.7	580,713	467,995	28,465	1,077,173	1,901,711	56.6
55.9	2,510,151	3,716,498	40,785	6,267,434	12,321,894	50.9
74.4	4,640,030	605,480	59,262	5,304,772	8,491,416	62.5
58.1	3,093,859	2,718,546	63,715	5,876,120	10,410,354	56.4
...	...	...	...	...	...	...
60.2	4,812,990	5,167,959	156,436	10,137,385	15,274,713	66.4
...	...	...	...	...	...	...
49.6	4,155,402	3,282,197	50,619	7,488,218	13,000,628	57.6
68.4	2,435,316	831,898	12,120	3,279,334	4,846,153	67.7
...	...	...	...	...	...	...

Ⅱ 世界・会社別統計

2022年 国際線 （1）

航 空 会 社 名	飛行距離	旅 客 数	旅客キロ	座席キロ
	千キロ	人	千人キロ	千座席キロ
日本航空	193,182	3,246,442	21,058,396	32,984,367
全日本空輸	226,070	3,093,630	19,798,657	30,366,413
シンガポール航空	376,934	14,865,200	75,782,200	96,616,000
カンタス航空	141,668	4,041,722	26,435,520	31,345,761
ヴァージン・オーストラリア	9,876	387,398	1,425,339	1,738,247
大韓航空	278,847	4,715,017	28,924,696	39,146,159
アシアナ航空	…	3,079,622	16,387,301	22,180,519
キャセイパシフィック航空	147,359	2,803,782	14,763,727	20,056,258
中国国際航空	83,102	285,161	1,820,224	3,942,686
中国東方航空	13,635	305,357	1,949,355	3,428,697
中国南方航空	76,524	458,775	2,840,801	4,587,421
海南航空	…	…	…	…
山東航空	…	…	…	…
厦門航空	16,237	337,863	1,982,436	3,011,191
深圳航空	1,203	47,780	118,945	197,276
中華航空	83,102	285,161	1,820,224	3,942,686
エバー航空	159,243	2,205,682	12,528,103	20,609,916
タイ国際航空	107,472	4,641,818	23,149,059	34,449,209
ガルーダ・インドネシア航空	18,371	774,509	3,583,547	5,949,412
マレーシア航空	160,556	3,299,266	12,603,446	16,982,381
エミレーツ航空	691,916	38,719,533	198,826,190	260,116,943
カタール航空	788,435	29,467,381	154,373,460	201,155,754
エティハド航空	221,044	9,864,708	45,581,023	56,570,883
ターキッシュエアラインズ	796,150	42,881,948	137,614,142	173,482,281

座 席 利用率	有 償 ト ン キ ロ				有 効 トンキロ	重 量 利用率
	旅 客	貨 物	郵 便	計		
％	千トンキロ	千トンキロ	千トンキロ	千トンキロ	千トンキロ	％
63.8	1,960,276	2,909,911	125,941	4,996,128	6,070,271	82.3
65.2	1,870,067	4,090,867	82,510	6,043,445	10,569,158	57.2
78.4	7,088,523	5,162,245	30,504	12,281,272	18,795,900	65.3
84.3	2,775,730	1,006,011	71,160	3,852,901	5,875,132	65.6
82.0	128,280	0	0	128,280	…	…
73.9	2,603,223	9,421,002	79,877	12,104,102	15,335,247	78.9
73.9	1,474,857	3,984,982	…	5,459,839	6,491,623	84.1
73.6	1,416,135	5,711,308	62,756	7,190,200	10,099,807	71.2
46.2	161,075	3,743,024	23,603	3,927,702	6,023,124	65.2
56.9	170,548	174,995	1,728	347,271	647,973	53.6
61.9	251,636	4,945,496	2,832	5,199,964	6,722,661	77.3
…	…	…	…	…	…	…
…	…	…	…	…	…	…
65.8	175,407	215,787	612	391,806	733,181	53.4
60.3	10,579	11,552	0	22,131	38,817	57.0
46.2	161,075	3,743,024	23,603	3,927,702	6,023,124	65.2
60.8	1,127,529	4,827,565	18,037	5,973,131	7,480,474	79.8
67.2	2,314,906	1,276,175	14,241	3,606,883	5,433,903	66.4
60.2	358,355	183,681	2,602	544,637	948,179	57.4
74.2	1,151,588	930,593	41,629	2,123,811	3,470,270	61.2
76.4	19,127,749	10,084,345	69,148	29,281,241	45,441,256	64.4
76.7	13,893,611	14,130,879	135,790	28,160,281	46,454,034	60.6
80.6	3,646,482	2,826,066	28,063	6,500,611	0	…
79.3	14,576,548	8,216,277	74,396	22,867,221	30,290,331	75.5

2022年 国際線（2）

航 空 会 社 名	飛行距離	旅 客 数	旅客キロ	座席キロ
	千キロ	人	千人キロ	千座席キロ
アメリカン航空	596,839	28,996,537	105,512,338	133,390,511
ユナイテッド航空	715,162	25,227,083	129,962,404	161,625,622
デルタ航空	513,011	20,403,790	98,802,366	122,135,967
アラスカ航空	…	…	…	…
ハワイアン航空	…	…	…	…
ジェットブルー	…	…	…	…
フェデックス	231,896	0	0	0
エア・カナダ	…	…	…	…
ゴル航空	…	…	…	…
ＬＡＴＡＭ航空グループ	68,317	3,049,970	13,741,786	16,526,802
エチオピア航空	…	…	…	…
アエロフロート・ロシア航空	…	…	…	…
ブリティッシュ・エアウェイズ	544,485	28,885,632	102,418,226	128,241,408
ヴァージンアトランティック航空	…	…	…	…
ルフトハンザドイツ航空	…	…	…	…
エールフランス	…	30,075,468	117,657,979	…
ＫＬＭオランダ航空	377,731	25,838,078	82,288,863	98,660,395
イベリア航空	209,331	11,730,011	49,057,731	58,163,755
ライアンエア	…	…	…	…

出典：IATA, World Air Transport Statistics(2024/01/15現在)

座　席 利用率	有　償　ト　ン　キ　ロ				有　効 トンキロ	重　量 利用率
	旅　客	貨　物	郵　便	計		
％	千トンキロ	千トンキロ	千トンキロ	千トンキロ	千トンキロ	％
79. 1	9, 518, 000	2, 502, 885	79, 170	12, 100, 055	20, 679, 591	58. 5
80. 4	14, 197, 803	3, 583, 484	156, 977	17, 938, 264	25, 026, 415	71. 7
80. 9	8, 892, 213	1, 676, 822	84, 993	10, 654, 028	18, 178, 187	58. 6
…	…	…	…	…	…	…
…	…	…	…	…	…	…
…	…		…	…	…	…
…	0	10, 659, 822	7, 309	10, 667, 131	19, 504, 335	54. 7
…	…	…	…	…	…	…
…	…	…	…	…	…	…
83. 1	1, 109, 818	589, 210	19, 889	1, 718, 917	2, 726, 005	63. 1
…	…	…	…	…	…	…
79. 9	10, 210, 797	2, 863, 627	50, 223	13, 124, 647	19, 813, 755	66. 2
…	…	…	…	…	…	…
…	…	…	…	…	…	…
…	10, 589, 218	3, 498, 585	50, 522	14, 138, 325	…	…
83. 4	4, 402, 195	2, 332, 070	20, 799	6, 755, 064	14, 626, 543	46. 2
84. 3	4, 905, 773	886, 127	4, 464	5, 796, 364	7, 392, 854	78. 4
…	…	…	…	…	…	…

2021年 国際線（1）

航 空 会 社 名	飛行距離	旅 客 数	旅客キロ	座席キロ
	千キロ	人	千人キロ	千座席キロ
日本航空	166,074	705,113	4,790,727	21,449,918
全日本空輸	222,795	655,876	4,446,480	19,618,133
シンガポール航空	211,657	1,861,300	10,922,200	48,771,400
カンタス航空	8,496	236,714	1,037,628	1,853,608
ヴァージン・オーストラリア	176	3,703	12,546	30,654
大韓航空	255,314	970,078	6,692,773	20,915,507
アシアナ航空	…	618,749	3,306,832	11,620,381
キャセイパシフィック航空	175,159	717,059	4,119,928	13,227,608
中国国際航空	84,820	260,077	1,730,484	3,670,244
中国東方航空	50,003	256,622	1,749,335	3,851,026
中国南方航空	122,021	427,225	2,738,145	5,327,793
海南航空	…	…	…	…
山東航空	2,160	23,315	15,879	24,495
厦門航空	19,567	208,750	1,280,717	2,624,590
深圳航空	1,856	24,821	60,342	122,734
中華航空	186,846	171,462	632,118	3,789,221
エバー航空	149,583	291,949	1,640,471	8,202,964
タイ国際航空	29,923	190,321	1,275,327	9,868,275
ガルーダ・インドネシア航空	15,374	105,196	420,483	5,051,418
マレーシア航空	92,130	103,841	400,883	1,595,690
エミレーツ航空	506,457	14,986,905	69,383,570	130,133,692
カタール航空	717,623	14,833,033	72,292,975	146,359,655
エティハド航空	188,769	3,359,786	14,731,364	36,946,164
ターキッシュエアラインズ	596,158	23,869,262	71,579,977	108,891,859

| 座 席 | 有 償 ト ン キ ロ | | | | 有 効 | 重 量 |
| 利用率 | 旅 客 | 貨 物 | 郵 便 | 計 | トンキロ | 利用率 |
%	千トンキロ	千トンキロ	千トンキロ	千トンキロ	千トンキロ	%
22. 3	448, 174	2, 948, 280	165, 361	3, 561, 815	4, 694, 802	75. 9
22. 7	419, 513	4, 715, 730	87, 980	5, 223, 223	10, 535, 277	49. 6
22. 4	1, 031, 595	5, 410, 682	52, 061	6, 494, 338	11, 613, 400	55. 9
56. 0	108, 951	1, 076, 443	43, 672	1, 229, 066	1, 630, 469	75. 4
40. 9	1, 129	…	…	1, 129	2, 462	45. 9
32. 0	602, 350	10, 306, 819	106, 139	11, 015, 308	14, 073, 946	78. 3
28. 5	297, 615	4, 358, 432	…	4, 656, 047	5, 488, 071	84. 8
31. 1	394, 741	8, 121, 205	94, 166	8, 610, 112	11, 346, 228	75. 9
47. 1	153, 407	3, 906, 762	27, 015	4, 087, 184	6, 333, 295	64. 5
45. 4	155, 239	3, 269, 365	4, 115	3, 428, 719	4, 253, 806	80. 6
51. 4	243, 037	6, 074, 069	51, 701	6, 368, 807	9, 102, 446	70. 0
…	…	…	…	…	…	…
64. 8	1, 423	11, 045	3, 166	15, 634	39, 324	39. 8
48. 8	113, 642	283, 929	1, 846	399, 417	885, 432	45. 1
49. 2	5, 371	21, 909	16	27, 296	55, 089	49. 5
16. 7	56, 891	7, 437, 049	76, 187	7, 570, 127	10, 300, 388	73. 5
20. 0	147, 642	4, 759, 191	25, 952	4, 932, 785	5, 836, 765	84. 5
12. 9	127, 533	543, 307	3, 628	674, 769	1, 553, 776	43. 4
8. 3	42, 048	360, 230	5, 510	407, 788	787, 104	51. 8
25. 1	36, 684	939, 940	33, 571	1, 010, 195	2, 400, 239	42. 1
53. 3	6, 725, 143	11, 748, 001	94, 164	18, 567, 308	33, 503, 087	55. 4
49. 4	6, 506, 368	15, 898, 477	203, 833	22, 608, 678	40, 732, 670	55. 5
39. 9	1, 190, 836	3, 464, 122	43, 962	4, 698, 920	5, 143, 015	91. 4
65. 7	7, 811, 207	9, 064, 697	132, 718	17, 008, 622	23, 426, 010	72. 6

Ⅱ 世界・会社別統計

2021年 国際線（2）

航 空 会 社 名	飛行距離	旅 客 数	旅客キロ	座席キロ
	千キロ	人	千人キロ	千座席キロ
アメリカン航空	434,219	16,771,953	47,931,518	82,869,906
ユナイテッド航空	494,897	13,686,371	57,716,830	99,464,657
デルタ航空	352,328	11,667,127	45,880,091	82,092,565
アラスカ航空	…	…	…	…
ハワイアン航空	6,545	54,677	355,046	1,395,350
ジェットブルー	…	…	…	…
フェデックス	230,298	…	…	…
エア・カナダ	…	…	…	…
ゴル航空	712	32,980	96,343	122,203
ＬＡＴＡＭ航空グループ	29,952	853,631	4,252,455	6,619,781
エチオピア航空	239,710	5,551,678	21,330,651	38,374,206
アエロフロート・ロシア航空	117,058	5,875,883	19,459,117	28,735,557
ブリティッシュ・エアウェイズ	273,399	8,117,918	28,668,946	49,649,305
ヴァージンアトランティック航空	…	…	…	…
ルフトハンザドイツ航空	390,959	18,275,090	46,446,567	77,136,036
エールフランス	…	…	…	…
ＫＬＭオランダ航空	322,039	14,038,943	40,911,616	82,451,613
イベリア航空	129,280	5,572,676	23,297,611	34,074,663
ライアンエア	…	…	…	…

出典：IATA, World Air Transport Statistics

座席利用率	有償トンキロ				有効トンキロ	重量利用率
	旅　客	貨　物	郵　便	計		
％	千トンキロ	千トンキロ	千トンキロ	千トンキロ	千トンキロ	％
57.8	4,348,476	2,547	103,389	4,454,412	14,477,960	30.8
58.0	5,989,554	3,912,151	154,766	10,056,471	17,552,056	57.3
55.9	4,129,208	1,566,249	108,629	5,804,086	11,645,646	49.8
…	…	…	…	…	…	…
25.4	31,954	60,522	726	93,202	316,656	29.4
…	…	…	…	…	…	…
…	…	11,190,260	5,847	11,196,107	19,411,602	57.7
…	…	…	…	…	…	…
78.8	8,286	45	…	8,331	14,107	59.1
64.2	358,827	417,528	27,058	803,413	1,356,302	59.2
55.6	2,458,549	3,716,135	40,686	6,215,370	12,233,335	50.8
67.7	1,751,320	278,527	29,461	2,059,308	3,677,049	56.0
57.7	3,000,763	2,717,928	63,683	5,782,374	10,257,931	56.4
…	…	…	…	…	…	…
60.2	4,674,357	5,166,499	156,290	9,997,146	15,017,430	66.6
…	…	…	…	…	…	…
49.6	4,155,402	3,282,197	50,619	7,488,218	13,000,628	57.6
68.4	2,329,761	823,275	8,058	3,161,094	4,663,595	67.8
…	…	…	…	…	…	…

2022年 国内線（1）

航 空 会 社 名	飛行距離	旅 客 数	旅客キロ	座席キロ
	千キロ	人	千人キロ	千座席キロ
日本航空	111,502	19,401,058	16,352,480	26,199,765
全日本空輸	208,269	26,095,129	24,309,219	41,704,413
カンタス航空	211,481	18,268,788	21,976,656	29,727,792
ヴァージン・オーストラリア	146,607	16,479,448	19,543,012	23,667,497
大韓航空	15,928	6,210,724	2,478,848	2,924,226
アシアナ航空	…	5,112,325	2,063,462	2,423,397
中国国際航空	319,381	23,294,961	35,352,941	55,783,404
中国東方航空	467,133	35,164,146	49,277,621	75,020,567
中国南方航空	616,015	43,986,359	70,435,623	106,716,040
海南航空	…	…	…	…
山東航空	196,447	15,117,765	22,641,610	33,601,255
厦門航空	186,445	12,208,358	18,784,168	29,484,539
深圳航空	186,445	12,208,358	18,784,168	29,484,539
タイ国際航空	0	0	0	0
ガルーダ・インドネシア航空	37,785	4,785,291	5,079,157	6,553,072
マレーシア航空	65,586	4,073,740	4,145,436	5,652,328
ターキッシュエアラインズ	114,887	25,272,287	17,080,264	19,903,325

座席	有 償 ト ン キ ロ				有 効	重 量
利用率	旅 客	貨 物	郵 便	計	トンキロ	利用率
%	千トンキロ	千トンキロ	千トンキロ	千トンキロ	千トンキロ	%
62.4	1,226,562	250,412	20,632	1,497,606	3,059,427	49.0
58.3	1,824,210	261,381	21,614	2,107,204	4,987,085	42.3
73.9	2,087,782	102,228	175,123	2,365,133	3,477,088	68.0
82.6	1,758,871	13,004	0	1,771,875	…	…
84.8	223,096	16,687	79	239,862	311,765	76.9
85.1	185,712	8,600	…	194,312	260,939	74.5
63.4	3,121,805	526,555	21,067	3,669,427	6,697,245	54.8
65.7	4,357,912	435,683	26,573	4,820,169	7,944,106	60.7
66.0	6,201,142	763,655	52,020	7,016,817	11,808,117	59.4
…	…	…	…	…	…	…
67.4	2,000,907	199,417	15,194	2,215,518	3,740,499	…
63.7	1,658,595	245,367	12,266	1,916,229	3,305,145	…
63.7	1,658,595	245,367	12,266	1,916,229	3,305,145	…
0	0	0	0	0	0	0
77.5	492,678	82,636	3,564	578,879	817,894	70.8
73.3	341,956	21,908	4	363,869	568,790	64.0
85.8	1,559,090	27,342	318	1,586,750	2,383,363	66.6

2022年 国内線（2）

航 空 会 社 名	飛行距離	旅 客 数	旅客キロ	座席キロ
	千キロ	人	千人キロ	千座席キロ
アメリカン航空	1,367,911	121,822,539	202,642,839	236,550,508
ユナイテッド航空	1,156,333	87,337,992	176,137,796	205,418,357
デルタ航空	1,306,406	121,259,586	193,507,103	224,577,628
アラスカ航空	…	…	…	…
ハワイアン航空	…	…	…	…
ジェットブルー	…	…	…	…
フェデックス	308,042	0	0	0
エア・カナダ	…	…	…	…
ゴル航空（ブラジル）	…	…	…	…
ＬＡＴＡＭ航空グループ	33,944	4,979,922	5,450,333	6,666,661
エチオピア航空	…	…	…	…
アエロフロート・ロシア航空	…	…	…	…
ブリティッシュ・エアウェイズ	17,374	3,984,681	1,962,645	2,488,462
ルフトハンザドイツ航空	…	…	…	…
エールフランス	…	8,206,440	4,947,321	…
ＫＬＭオランダ航空	…	…	…	…
イベリア航空	10,183	2,854,755	1,344,311	1,777,423
ライアンエア	…	…	…	…

出典：IATA, World Air Transport Statistics （2024/01/15現在）

座席利用率	有 償 ト ン キ ロ				有 効 トンキロ	重 量 利用率
	旅 客	貨 物	郵 便	計		
%	千トンキロ	千トンキロ	千トンキロ	千トンキロ	千トンキロ	%
85.7	18,470,386	206,637	89,783	18,766,805	28,589,758	65.6
85.7	18,429,188	525,121	143,907	19,098,216	25,015,818	76.3
86.2	17,415,639	296,726	175,841	17,888,206	27,984,058	63.9
…	…	…	…	…	…	…
…	…	…	…	…	…	…
…	0	8,879,369	10	8,879,379	17,844,130	49.8
…	…	…	…	…	…	…
…	…	…	…	…	…	…
81.8	409,824	47,637	1,221	458,682	778,865	58.9
…	…	…	…	…	…	…
…	…	…	…	…	…	…
78.9	182,453	21	23	182,496	253,595	72.0
…	…	…	…	…	…	…
…	445,258	294	…	445,552	…	…
…	…	…	…	…	…	…
75.6	134,431	805	18	135,255	184,602	73.3
…	…	…	…	…	…	…

2021年 国内線（1）

航 空 会 社 名	飛行距離	旅 客 数	旅客キロ	座席キロ
	千キロ	人	千人キロ	千座席キロ
日本航空	76,521	10,049,940	8,485,197	16,705,870
全日本空輸	135,612	13,362,450	12,291,112	25,951,690
カンタス航空	143,001	9,013,343	10,662,180	19,408,279
ヴァージン・オーストラリア	74,103	6,621,624	8,002,566	12,516,305
大韓航空	15,132	4,716,456	1,896,398	2,520,707
アシアナ航空	…	4,476,792	1,802,787	2,283,018
中国国際航空	530,055	43,728,527	65,743,714	94,552,981
中国東方航空	757,409	64,231,959	86,795,489	124,708,271
中国南方航空	889,185	71,933,868	111,447,522	156,828,633
海南航空	…	…	…	…
山東航空	202,495	18,631,602	26,840,606	35,069,032
厦門航空	246,716	22,180,481	31,587,460	42,274,734
深圳航空	277,240	20,591,828	30,693,798	44,660,689
タイ国際航空	6	1,203	778	1,872
ガルーダ・インドネシア航空	44,618	3,334,590	3,612,110	7,933,905
マレーシア航空	18,581	989,021	1,052,652	1,586,550
ターキッシュエアラインズ	98,106	19,805,127	13,377,399	17,138,363

座 席 利用率	有 償 ト ン キ ロ				有 効 トンキロ	重 量 利用率
	旅 客	貨 物	郵 便	計		
%	千トンキロ	千トンキロ	千トンキロ	千トンキロ	千トンキロ	%
50. 8	636, 455	216, 202	21, 089	873, 746	1, 969, 347	44. 4
47. 4	922, 600	251, 411	20, 175	1, 194, 186	3, 096, 335	38. 6
54. 9	1, 012, 907	80, 018	71, 562	1, 164, 487	2, 226, 244	52. 3
63. 9	720, 231	10, 335	…	730, 566	998, 922	73. 1
75. 2	170, 676	16, 096	446	187, 218	274, 671	68. 2
79. 0	162, 251	9, 312	…	171, 563	254, 336	67. 5
69. 5	5, 830, 277	900, 873	28, 263	6, 759, 413	11, 643, 772	58. 1
69. 6	7, 703, 991	804, 817	32, 808	8, 541, 616	14, 031, 276	60. 9
71. 1	9, 865, 523	1, 001, 117	36, 840	10, 903, 480	17, 998, 254	60. 6
…	…	…	…	…	…	…
76. 5	2, 382, 104	210, 456	22, 809	2, 615, 369	3, 643, 113	71. 8
74. 7	2, 802, 918	204, 041	15, 491	3, 022, 450	4, 737, 686	63. 8
68. 7	2, 725, 121	405, 499	17, 240	3, 147, 860	4, 996, 355	63. 0
41. 6	78	1	…	79	284	27. 8
45. 5	350, 375	122, 769	5, 901	479, 045	1, 000, 490	47. 9
66. 3	86, 899	9, 881	2	96, 782	165, 951	58. 3
78. 1	1, 222, 566	25, 238	421	1, 248, 225	2, 016, 964	61. 9

2021年 国内線（2）

航空会社名	飛行距離	旅客数	旅客キロ	座席キロ
	千キロ	人	千人キロ	千座席キロ
アメリカン航空	1,197,866	99,401,524	171,731,789	210,164,388
ユナイテッド航空	857,287	58,806,137	120,367,553	151,000,945
デルタ航空	1,135,544	91,255,738	148,969,111	199,508,890
アラスカ航空	…	…	…	…
ハワイアン航空	96,824	6,459,058	15,705,769	21,796,959
ジェットブルー	…	…	…	…
フェデックス	316,257	…	…	…
エア・カナダ	72,228	…	…	…
ゴル航空（ブラジル）	143,709	18,504,212	21,055,712	25,582,430
ＬＡＴＡＭ航空グループ	22,798	2,638,758	2,958,013	4,192,633
エチオピア航空	10,223	1,514,276	568,125	799,689
アエロフロート・ロシア航空	219,640	15,502,907	32,096,782	40,556,158
ブリティッシュ・エアウェイズ	9,966	2,009,756	989,574	1,431,749
ルフトハンザドイツ航空	17,258	3,286,057	1,386,331	2,298,138
エールフランス	…	…	…	…
ＫＬＭオランダ航空	…	…	…	…
イベリア航空	8,728	1,975,319	1,055,552	1,554,343
ライアンエア	…	…	…	…

出典：IATA, World Air Transport Statistics

座席利用率	有償トンキロ				有効トンキロ	重量利用率
	旅客	貨物	郵便	計		
%	千トンキロ	千トンキロ	千トンキロ	千トンキロ	千トンキロ	%
81.7	15,579,967	253	133,758	15,713,978	25,960,139	60.5
79.7	11,741,033	524,205	184,797	12,450,035	18,859,686	66.0
74.7	13,407,220	273,286	187,928	13,868,434	25,235,484	55.0
…	…	…	…	…	…	…
72.1	1,413,519	171,115	2,795	1,587,429	3,309,277	48.0
…	…	…	…	…	…	…
…	…	9,464,040	191	9,464,231	18,233,379	51.9
…	…	…	…	…	…	…
82.3	1,825,961	54,491	…	1,880,452	2,777,283	67.7
70.6	221,886	50,467	1,407	273,760	545,409	50.2
71.0	51,603	363	99	52,065	88,558	58.8
79.1	2,888,710	326,953	29,801	3,245,464	4,814,367	67.4
69.1	93,096	618	32	93,746	152,423	61.5
60.3	138,633	1,459	147	140,239	257,283	54.5
…	…	…	…	…	…	…
…	…	…	…	…	…	…
67.9	105,555	8,623	4,062	118,240	182,557	64.8
…	…	…	…	…	…	…

1-4 貨物専用便輸送実績

航空会社名	飛行距離 千キロ		有償トン 千トンキロ		有償トンキロ 千トンキロ		重量 ％
	2021	2022	2021	2022	2021	2022	2021
日本航空	16,604	8,253	98,833	77,624	419,026	529,918	95.4
全日本空輸	74,689	70,605	501,538	460,098	2,312,310	2,123,175	58.3
日本貨物航空	26,944	24,966	360,514	1,935,839	2,297,279	2,866,768	74.7
シンガポール航空	24,272	23,678	258,162	2,233,925	2,918,814	3,093,689	81.2
カンタス航空	42,793	30,445	200,044	754,736	843,405	1,322,483	70.4
大韓航空	88,217	87,108	1,381,241	7,131,598	7,561,571	8,460,202	87.5
キャセイパシフィック航空	66,676	54,176	859,871	4,521,909	6,255,030	6,428,343	78.9
中国国際航空	44,760	41,219	424,254	2,999,151	3,166,122	3,934,731	73.7
中国東方航空	37,302	0	517,358	0	3,160,187	0	85.7
中国南方航空	63,548	62,676	494,628	4,832,257	5,074,014	6,060,709	81.7
中華航空	78,050	41,219	1,306,322	2,999,151	5,772,436	3,934,731	73.2
エバー航空	25,150	38,306	271,855	2,623,717	1,803,778	3,211,817	87.4
マレーシア航空	13,529	13,998	100,302	377,850	394,033	626,318	63.4
エミレーツ航空	140,566	59,077	949,058	3,705,239	5,984,911	5,541,494	53.6
カタール航空	127,891	788,435	1,464,909	28,160,281	8,858,345	46,454,034	68.1
エティハド航空	19,199	18,536	220,222	1,097,133	1,185,716	1,816,542	63.0
ターキッシュエアラインズ	99,646	85,473	1,111,532	4,334,826	5,356,642	5,039,855	86.8
アラスカ航空	…	…	…		…		…
フェデックス	546,555	539,938	8,407,737	19,546,510	20,660,338	37,348,465	54.9
ＬＡＴＡＭ航空グループ	…	0	…	0	…	0	…
ブリティッシュ・エアウェイズ	56,037	12,430	197,472	345,721	1,130,108	631,863	45.9
ルフトハンザドイツ航空	46,744	…	381,997	…	3,384,284	…	76.3
イベリア航空	1,196	660	15,312	13,335	20,340	27,057	52.1
南アフリカ航空	70	0	389	0	13	0	…
エチオピア航空	64,206	…	487,382	…	2,824,449	…	45.9

出典：IATA, World Air Transport Statistics (2024/01/15現在)

利用率	飛行距離		有償トン		有償トンキロ		重量利用率	
	千キロ		千トンキロ		千トンキロ		%	
2022	2021	2022	2021	2022	2021	2022	2021	2022
14.6	14,097	8,091	77,185	528,062	392,893	452,944	100.0	116.6
21.7	74,326	70,597	499,070	460,007	2,309,567	2,123,006	58.3	21.7
67.5	26,944	24,966	360,514	1,935,839	2,297,279	2,866,768	74.7	67.5
72.2	24,272	23,678	258,162	2,233,925	2,918,814	3,093,689	81.2	72.2
57.1	30,459	18,802	198,387	628,306	803,075	1,121,136	73.6	56.0
84.3	88,217	87,108	1,381,241	7,131,598	7,561,571	8,460,202	87.5	84.3
70.3	66,676	54,176	859,871	4,521,909	6,255,030	6,428,343	78.9	70.3
76.2	40,341	38,188	331,820	2,929,381	3,056,397	3,756,941	75.2	78.0
0.0	36,186	0	447,991		3,074,468		86.1	0
79.7	63,265	62,404	478,326	4,813,390	5,054,568	6,032,511	81.7	79.8
76.2	78,050	38,188	1,306,322	2,929,381	5,772,436	3,756,941	73.2	78.0
81.7	25,150	38,306	271,855	2,623,717	1,803,778	3,211,817	87.4	81.7
60.3	13,483	13,888	99,567	376,366	393,151	620,652	63.5	60.6
66.9	140,566	59,077	949,058	3,705,239	5,984,911	5,541,494	53.6	66.9
60.6	127,891	788,435	1,464,909	28,160,281	8,858,345	46,454,034	68.1	60.6
60.4	19,199	18,536	220,222	1,097,133	1,185,716	1,816,542	63.0	60.4
86.0	99,646	85,473	1,111,532	4,334,826	5,356,642	5,039,855	86.8	86.0
…	…	…	…	…	…	…	…	…
52.3	230,298	231,896	2,828,997	10,667,131	11,196,107	19,504,335	57.7	54.7
…	…	0	…	0	…	0	…	…
54.7	56,037	12,430	197,472	345,721	1,130,108	631,863	45.9	54.7
…	46,744	…	381,772	…	3,384,233	…	76.3	…
49.3	421	660	5,936	13,335	8,467	27,057	49.1	49.3
…	70	0	389	0	13	0	…	…
…	64,115	…	487,105	…	2,824,299	…	45.9	…

Ⅱ 世界・会社別統計

1-5 不定期輸送実績（1）

航 空 会 社 名	国 際 線・国 内 線 合 計						飛行距離	
	飛行距離		有償トンキロ		有効トンキロ			
	千キロ		千トンキロ		千トンキロ		千キロ	
	2021	2022	2021	2022	2021	2022	2021	2022
日本航空	2,217	753	23,833	9,467	30,248	11,004	1,957	597
全日本空輸	1,826	1,160	44,652	27,346	112,979	65,341	1,656	969
シンガポール航空	…	599	…	13,484	…	23,140	…	599
カンタス航空	16,331	14,317	131,766	126,963	273,971	204,912	3,381	551
大韓航空	3,922	2,635	249,894	115,648	344,189	160,124	3,912	2,632
アシアナ航空	…	…	606,373	238,963	663,684	271,356	…	…
キャセイパシフィック航空	216	3	4,606	168	7,779	176	216	3
中国国際航空	91,629	78,944	2,188,038	1,875,557	4,966,037	4,366,874	89,842	74,664
中国東方航空	113,635	88,470	2,346,788	1,896,414	5,652,049	4,610,084	112,445	87,192
中国南方航空	45,342	55,780	942,101	1,190,262	2,188,831	2,598,687	44,856	54,551
海南航空	…	…	…	…	…	…	…	…
中華航空	2,187	78,944	38,441	1,875,557	47,524	4,366,874	2,187	74,664
エバー航空	11	23	160	227	200	675	11	23
タイ国際航空	115	445	1,844	7,097	5,722	20,316	115	443
ガルーダ・インドネシア航空	5,482	3,099	54,758	40,974	160,428	96,348	2,376	1,259
エティハド航空	5,253	1,606	207,002	130,811	285,560	0	5,253	1,606
イラン航空	1,447	…	27,379	…	82,434	…	1,012	…
ターキッシュエアラインズ	9,368	43,704	104,513	608,031	201,735	779,038	7,736	42,484
エジプト航空	6,063	10,302	60,565	131,787	163,655	275,648	5,840	8,437

国　　際　　線				国　　内　　線					
有償トンキロ		有効トンキロ		飛行距離		有償トンキロ		有効トンキロ	
千トンキロ		千トンキロ		千キロ		千トンキロ		千トンキロ	
2021	2022	2021	2022	2021	2022	2021	2022	2021	2022
22,302	8,538	26,671	9,262	260	156	1,532	929	3,576	1,742
42,822	25,036	107,104	59,288	170	191	1,830	2,310	5,876	6,052
…	13,484	…	23,140	…	…	…	…	…	…
38,937	11,160	106,937	23,487	12,949	13,767	92,828	115,803	167,034	181,424
249,855	115,618	344,139	160,091	10	3	39	30	50	33
604,155	237,181	661,435	269,575	…	…	2,218	1,782	2,249	1,782
4,606	168	7,779	176	…	…	…	0	…	…
2,161,257	1,771,875	4,893,236	4,144,199	1,787	4,280	26,781	103,682	72,802	222,675
2,320,156	1,882,792	5,602,032	4,570,818	1,190	1,278	26,632	13,622	50,017	39,265
937,349	1,175,475	2,174,334	2,570,494	486	1,229	4,752	14,787	14,497	28,193
…	…	…	…	…	…	…	…	…	…
38,441	1,771,875	47,524	4,144,199	…	4,280	…	103,682	…	222,675
160	227	200	675	…	…	…	0	…	…
1,844	7,078	5,722	20,239	…	1	…	19	…	77
32,899	21,539	106,141	61,258	3,106	1,840	21,859	19,435	54,287	35,090
207,002	130,811	285,560	0	…	…	…	0	…	
21,888	…	69,381	…	435	…	5,491	…	13,053	…
93,661	597,403	167,463	753,562	1,632	1,220	10,851	10,628	34,272	25,477
59,766	113,081	160,924	245,891	223	1,865	799	18,707	2,731	29,757

1-5 不定期輸送実績（2）

航 空 会 社 名	国 際 線・国 内 線 合 計						飛行距離	
	飛行距離		有償トンキロ		有効トンキロ			
	千キロ		千トンキロ		千トンキロ		千キロ	
	2021	2022	2021	2022	2021	2022	2021	2022
アメリカン航空	185	333	2,352	5,116	6,748	10,311	…	11
ユナイテッド航空	51,694	6,559	1,095,762	125,760	2,839,751	322,698	47,478	4,561
デルタ航空	14,704	10,892	106,919	51,933	451,678	290,014	6,064	2,268
アラスカ航空	…	…	…	…	…	…	…	…
ハワイアン航空	752	…	11,742	…	13,446	…	487	…
ジェットブルー	…	…	…	…	…	…	…	…
フェデックス	2,541	2,159	88,976	62,230	235,081	185,617	2,167	1,885
エア・カナダ	…	…	…	…	…	…	…	…
ゴル航空	7,805	…	91,926	…	150,862	…	186	…
ＬＡＴＡＭ航空グループ	18,860	6,965	381,102	105,721	848,007	212,205	14,377	1,961
アズールブラジル航空	12,171	14,284	129,510	96,448	264,597	275,772	3,955	2,775
アエロフロート・ロシア航空	13,947	…	263,228	…	706,890	…	13,354	…
ブリティッシュ・エアウェイズ	700	1,841	8,963	20,663	20,887	30,014	672	1,646
ヴァージン・アトランティック航空	…	…	…	…	…	…	…	…
ルフトハンザドイツ航空	354	…	1,442	…	2,681	…	354	…
アリタリア・イタリア航空#	…	…	…	…	…	…	…	…
イベリア航空	2,722	2,351	45,322	29,217	77,252	49,488	2,476	2,123
エア・ヨーロッパ	1,232	827	12,317	9,027	29,490	18,728	959	718

出典：IATA, World Air Transport Statistics (2024/01/15現在)
　＃ ：2021年10月経営破綻し運航を終了

国際線				国内線					
有償トンキロ		有効トンキロ		飛行距離		有償トンキロ		有効トンキロ	
千トンキロ		千トンキロ		千キロ		千トンキロ		千トンキロ	
2021	2022	2021	2022	2021	2022	2021	2022	2021	2022
…	277	…	542	185	322	2,352	4,838	6,748	9,769
1,022,234	98,582	2,657,023	262,525	4,216	1,998	73,528	27,178	182,728	60,173
72,014	14,410	241,073	79,982	8,640	8,624	34,905	37,523	210,605	210,032
…	…	…	…	…	…	…	…	…	…
7,815	…	7,918	…	265	…	3,927	…	5,527	…
…	…	…	…	…	…	…	…	…	…
73,829	59,480	200,065	162,207	374	274	15,147	2,750	35,016	23,410
…	…	…	…	…	…	…	…	…	…
1,327	…	3,666	…	7,619	…	90,599	…	147,197	…
328,795	39,544	738,801	91,918	4,483	5,004	52,307	66,177	109,206	120,287
69,977	17,517	144,883	102,686	8,216	11,509	59,534	78,931	119,714	173,086
261,344	…	696,675	…	593	…	1,884	…	10,215	…
8,850	18,514	20,531	26,885	28	195	113	2,148	356	3,130
…	…	…	…	…	…	…	…	…	…
1,442	…	2,681	…	…	…	…	…	…	…
…	…	…	…	…	…	…	…	…	…
44,487	26,189	74,405	44,760	247	228	835	3,028	2,848	4,728
11,185	8,522	25,106	16,584	273	109	1,132	504	4,384	2,143

２．航空機

保有機一覧２０２２年（１）

機　種	機数	稼動	機　種	機数	稼動	機　種	機数	稼動
（日本航空）			**（カンタス航空）**			**（大韓航空）**		
A350-900	4	…	A320-200	11	3:10	A220-300	10	3:33
B737-800	45	…	A330-200	18	8:41	A330-200	8	6:53
B767-300	28	…	A330-300	10	11:06	A330-300	22	8:49
B777-200	8	3:26	A380-800	10	19:34	A380-800	10	8:18
B777-300	14	10:35	B717-200	20	2:27	B737-800	2	3:39
B787-8	29	7:40	B737-800	75	3:46	B737-900	16	4:32
B787-9	22	…	B787-9	11	20:27	B737MAX8	5	4:08
合　計	150		DHC8-200	3	2:46	B747-400F	4	12:34
（全日本空輸）			DHC8-300	16	2:02	B747-8	9	6:17
A320-100	26	7:08	DHC8-400	31	1:58	B747-8F	7	14:57
A320-200NEO	11	6:33	合　計	155		B777-200	10	4:32
A380-800	3	1:09	**（ヴァージン・オーストラリア）**			B777-200F	7	15:06
B737-800	39	7:05	A320-200	7	5:31	B777-300	29	12:35
B767-300	16	1:35	B737-700	6	5:03	B787-9	10	14:15
B767-300F	9	13:36	B737-800	75	5:25	合　計	149	
B777-200	10	2:38	Fokker-100	8	4:55	**（キャセイパシフィック航空）**		
B777-300	18	12:37	合　計	88		A320-100NEO	7	0:47
B777F	2	16:59	**（アシアナ航空）**			A321-200	3	0:00
B787-8	36	5:53	A320-200	1	…	A330-300	40	1:47
B787-9	44	10:06	A321-200	14	…	A350-900	28	2:55
B787-10	3	5:20	A321NEO	6	…	A350-1000	18	10:04
合　計	217		A330-300	15	…	B777-300	58	1:38
（シンガポール航空）			A350-900	13	…	合　計	154	
A350-900	61	…	A380-800	6	…			
A380-800	11	…	B747-400	1	…			
B737-800	7	4:18	B767-300	1	…			
B737-MAX	15	…	B777-200	9	…			
B777-300	18	12:08	合　計	66				
B787-10	15	…						
合　計	127							

機　種	機数	稼動	機　種	機数	稼動	機　種	機数	稼動
（中国国際航空）			（中国南方航空）			（中華航空）		
A319-100	33	…	A319-100	21	4:30	A319-100	33	…
A320NEO	49	…	A320-200	165	5:24	A320NEO	49	…
A320-100NEO	29	…	A321-200	158	4:30	A320-100	29	…
A320-200	46	…	A330-200	14	1:54	A320-200	46	…
A321-200	63	…	A330-300	26	3:48	A321-200	63	…
A330-200	25	…	A350-900	16	3:36	A330-200	25	…
A330-300	29	…	A380-800	2	3:18	A330-300	29	…
A350-900	23	…	B737-700	35	5:06	A350-900	23	…
B737-700	18	…	B737-800	328	5:24	B737MAX	16	…
B737-800	116	…	B737MAX8	34	0:00	B737-700	18	…
B737MAX8	16	…	B777-200F	15	14:42	B737-800	116	…
B747-400	3	…	B777-300	15	1:00	B747-400	3	…
B747-400F	3	…	B787-8	16	2:42	B747-400F	3	…
B747-8	7	…	B787-9	23	6:54	B747-8	7	…
B757-200F	4	…	ERJ190-100	6	3:54	B757-200F	4	…
B777-300	28	…	合　計	874		B777-300	28	…
B787-9	14	…	（中国東方航空）			B787-9	14	…
合　計	506		A319-100	35	4:16	合　計	506	
（上海航空）			A320	170	3:49	（エバー航空）		
A321-100	1	…	A320NEO	90	4:44	A330-200	3	1:49
A330-300	1	…	A321	77	3:27	A330-300	9	3:40
B737 MAX8	11	0:00	A330-200	30	3:51	B777-200F	8	16:08
B737-700	4	5:33	A330-300	25	4:00	B777-300	34	7:35
B737-800	68	3:35	A350-900	15	4:18	B787-9	4	9:20
合　計	85		B737-700	37	5:08	B787-10	6	11:19
（順豊航空）			B737-800	104	3:51	合　計	64	
B737-300F	14	3:38	B777-300	20	6:40	（厦門航空）		
B737-400F	3	4:10	B787-9	3	4:41	B737-700	9	6:13
B747-400F	3	8:20	C919	1	0:00	B737-800	141	6:15
B757-200F	41	4:30	合　計	607		B787-800	6	3:54
合　計	61		（深圳航空）			B787-900	6	7:30
			…	…	…	合　計	162	
			（山東航空）					
			…	…	…			

保有機一覧２０２２年（２）

機　種	機数	稼動	機　種	機数	稼動	機　種	機数	稼動
(タイ国際航空)			(カタール航空)			(エミレーツ航空)		
A330-300	5	0:14	A320-200	29	9:59	A380-800	118	9:10
A350-900	12	14:58	A321-200	1	10:17	B777-200	10	12:07
B777-200	6	4:38	A330-200	6	10:38	B777-300	108	11:53
B747-400	9	0:00	A330-300	8	11:07	合　計	236	
B787-8	6	7:44	A350-900	34	13:58	(エティハド航空)		
合　計	38		A350-1000	19	16:31	…		
(ガルーダ・インドネシア航空)			A380-800	10	12:35			
A330-200	3	4:03	B747-8F	2	14:11			
A330-300	16	5:31	B777-200	9	13:44			
A330-900	3	4:57	B777-200F	26	15:59	(イラン航空)		
B737-800	38	6:59	B777-300	53	14:23	…	…	…
B777-300	8	6:06	B787-8	30	14:31			
合　計	68		合　計	227				
(フィリピン航空)			(ターキッシュエアラインズ)					
A320-200	14	…	A310-300F	2	8:43			
A330-300	14	…	A319-100	6	5:26	(アメリカン航空)		
A350-900	14	…	A320-200	14	8:17	A319-100	133	…
B777-300	14	…	A321-200	65	9:00	A320-200	48	…
DHC-8-40	14	…	A330-200	13	9:20	A321-200	89	…
合　計	70		A330-200F	10	12:49	B737-800	337	…
(マレーシア航空)			A330-300	37	12:26	B777-200	47	…
A330-200	6	9:50	A350-900	11	14:09	B787-8	33	…
A330-300	15	12:20	B737-800	87	9:34	B787-9	22	…
A350-900	6	13:20	B737-900	15	8:45	合　計	709	
B737-800	42	7:00	B737MAX8	27	11:43			
合　計	69		B737MAX9	5	10:14			
			B747-400F	1	13:55			
			B777-300	33	14:50			
			B787-9	16	15:50			
			合　計	342				

機　種	機数	稼動	機　種	機数	稼動	機　種	機数	稼動
（ユナイテッド航空)			（フェデックス）			（ジェットブルー）		
A319-100	29	8:11	A300-600	67	3:44	…	…	…
A320-200	99	8:08	B757-200	119	2:33			
B737MAX8	32	10:25	B767-300	123	5:46			
B737MAX9	48	11:33	B777-300	53	10:43			
B737-700	40	9:39	Cessna208	234	1:02			
B737-800	141	9:00	MD-11	58	7:11	（ゴル航空）		
B737-900	148	8:18	合　計	654		B737-700	18	6:38
B757-200	40	6:36				B737-800	82	15:40
B757-300	21	5:45				B737MAX8	38	14:12
B767-300	37	9:51	（ハワイアン航空）			合　計	138	
B767-400	16	8:03				（アビアンカ航空）		
B777-200	74	6:51	…	…	…	A319-100	21	10:36
B777-300	22	12:53				A320-200	94	8:11
B787-8	12	11:30				A321-200	1	9:02
B787-9	38	10:10	（アエロフロート・ロシア航空）			A330-200	4	8:38
B787-10	19	12:29				ATR72-60	4	4:08
合　計	816					B787-800	10	8:38
（デルタ航空）			…	…	…	合　計	134	
A220-100	45	1:01						
A220-300	14	1:01						
A319-100	57	8:10	（LATAM航空グループ）					
A320-100	61	8:20	A319-100	43	9:25			
A321-100	127	10:44	A320-200	144	9:34			
A330-200	11	12:23	A321-200	49	10:26			
A330-300	31	12:39	B767-300	18	9:08			
A330-900	20	12:55	B767-300F	16	14:26			
B717-200	65	7:47	B777-300	10	11:12			
B737-800	77	8:15	B787-8	10	11:26			
B737-900	163	8:27	B787-9	14	7:41			
B757-200	100	7:45	合　計	304				
B757-300	16	9:19						
B767-300	45	9:42						
B767-400	21	9:23						
合　計	853							

保有機一覧２０２２年（3）

機　種	機数	稼動	機　種	機数	稼動	機　種	機数	稼動
（ブリティッシュ・エアウェイズ）			（ルフトハンザドイツ航空）			（スイスインターナショナルエアラインズ）		
A319-100	30	4:45	…	…	…	A220-100	9	5:43
A320-200	85	7:20				A320-200	19	5:07
A321-200	28	4:40				A321-100	4	5:29
A350-1000	13	11:43				A321-200	3	8:20
A380-800	12	8:36				A321NEO	2	8:38
B777-200	43	12:50				A330-300	1	0:00
B777-300	16	5:52				A340-300	5	8:39
B787-8	12	11:19				B777-300	12	10:07
B787-9	18	12:01	（イベリア航空）			合　計	55	
B787-10	5	12:35	A319-100	6	5:33	（エチオピア航空）		
合　計	262		A320-200	27	7:00	…	…	…
（ヴァージン・アトランティック航空）			A321-200	11	6:47			
			A330-200	16	13:48			
…	…	…	A330-300	8	13:29			
			A350-900	15	0:00			
			合　計	83				
			（スカンジナビア航空）					
			A319-100	3	4:35			
			A320-100	10	5:42			
（KLMオランダ航空）			A320-200	49	8:05			
A330-200	6	8:36	A321-200	4	8:18			
A330-300	5	12:10	A330-300	7	10:58			
B737-700	9	6:50	A350-900	4	10:11			
B737-800	31	7:57	B737-700	6	4:35			
B737-900	5	8:02	B737-800	3	6:06			
B777-200	15	12:18	合　計	86				
B777-300	16	14:57						
B787-9	13	14:45						
B787-10	7	13:54						
ERJ170-200	17	7:05						
ERJ190-100	30	7:01						
ERJ190-200	14	5:50						
合　計	168							

出典：IATA, World Air Transport Statistics（2024/02/01現在）

注　：稼動とは各機種別の１日当たり平均飛行時間（時間：分）を表す

保有機一覧２０２１年（1）

機　種	機数	稼動	機　種	機数	稼動	機　種	機数	稼動
(日本航空)			**(カンタス航空)**			**(大韓航空)**		
A350-900	11	5:25	A320-200	11	3:05	A220-300	10	3:28
B737-800	48	4:49	A330-200	18	6:00	A330-200	8	3:58
B767-300	31	3:09	A330-300	10	6:16	A330-300	22	8:35
B777-200	19	1:43	A380-800	12	16:44	A380-800	10	1:00
B777-300	17	8:32	B717-200	20	2:27	B737-800	3	1:54
B787-800	29	6:28	B737-800	75	3:39	B737-900	17	3:59
B787-900	22	11:48	B787-900	11	12:42	B747-400F	4	13:11
合　計	177		DHC8-200	3	2:53	B747-8	10	5:27
(全日本空輸)			DHC8-300	16	1:53	B747-8F	7	14:41
A320-200	12	6:01	DHC8-400	31	1:59	B777-200	12	2:22
A321-200	26	3:03	Fokker100	18	2:48	B777-200F	12	16:11
A380-800	3	12:10	合　計	225		B777-300	29	11:32
B737-800	39	4:26	**(ヴァージン・オーストラリア)**			B787-900	10	14:16
B767-300	18	14:38	Fokker100	11	1:24	合　計	154	
B767-300F	9	12:43	A320-200	5	2:15	**(キャセイパシフィック航空)**		
B777-200	13	12:14	B737-700	2	8:30	A320-200	1	…
B777-200F	2	16:45	B737-800	74	7:01	A321-200	10	0:20
B777-300	20	14:03	合　計	92		A330-300	43	1:04
B787-800	36	4:50	**(ニュージーランド航空)**			A350-900	28	3:59
B787-10	2	4:49	A320-200	24	3:28	A350-1000	15	10:19
B787-900	39	10:05	A321-200	7	4:54	B747-8F	14	13:40
DHC8-400	24	4:29	DHC8-300	23	4:55	B747-400F	6	9:23
合　計	243		ATR72-600	29	5:17	B777-300	62	4:52
(シンガポール航空)			B787-900	14	10:04	合　計	2685	
A350-900	56	10:39	合　計	97				
A380-800	7	6:44	**(アシアナ航空)**					
B737-800	9	2:55						
B737 MAX8	6	2:54	…	…	…			
B747-400F	7	12:11						
B777-300	19	5:55						
B787-10	15	10:09						
合　計	119							

２０２１年 保有機一覧（２）

機種	機数	稼動	機種	機数	稼動	機種	機数	稼動
（中国国際航空）			（中国南方航空）			（中華航空）		
A319	33	5:47	A319	17	6:54	A321-200	2	12:08
A320-200	90	6:26	A320-200	165	7:24	A330-300	23	7:00
A321-200	81	6:11	A321-200	152	6:36	A350-900	14	10:26
A330-200	29	5:28	A330-200	14	4:12	B737-800	17	12:18
A330-300	29	6:54	A330-300	26	5:42	B747-400F	18	13:10
A350-900	16	9:12	A350-900	12	6:00	B777-200F	3	16:59
B737-700	18	5:37	A380-800	5	4:00	B777-300	10	11:15
B737-800	124	6:17	B737-700	35	7:12	合　計	87	
B737 MAX	16	0:00	B737-800	330	7:18	（エバー航空）		
B747-400	3	1:39	B737 MAX8	34	0:00	A321-200	24	12:25
B747-400F	3	12:13	B747-200F	14	14:54	A330-200	3	1:53
B747-8	7	2:04	B747-400F	2	0:00	A330-300	9	3:45
B757-200F	4	4:25	B777-300	15	1:36	B777-200F	8	16:06
B777-200F	8	13:40	B787-800	16	4:24	B777-300	34	8:54
B777-300	28	6:31	B787-900	23	8:24	B787-10	6	11:46
B787-900	14	8:28	ERJ190-100	6	4:18	B787-900	4	6:15
合　計	7545		ATR72-100	12	3:30	合　計	88	
（上海航空）			合　計	878		（深圳航空）		
B737 MAX8	11	…	（中国東方航空）			…	…	…
A330-300	1	6:28	A319	35	7:13			
B737-700	5	6:27	A320-200	246	6:33			
B737-800	70	6:18	A321-200	77	5:44	（山東航空）		
A321-100	1	6:04	A330-200	30	7:46	B737-700	3	8:07
合　計	88		A330-300	25	6:01	B737-800	124	8:43
（順豊航空）			A350-900	11	7:29	B737MAX8	7	0:00
B737-300F	18	3:20	B737MAX8	3	0:00	合　計	134	
B737-400F	3	4:33	B737-700	39	7:38	（厦門航空）		
B747-400F	2	10:15	B737-800	107	6:52	B737 MAX8	10	0:00
B757-200F	37	4:09	B747-400F	2	10:11	B737-700	9	7:42
B767-200F	12	4:10	B777-200F	8	13:30	B737-800	144	6:58
合　計	231		B777-300	20	7:58	B787-800	6	5:13
			B787-900	3	7:03	B787-900	6	8:29
			ARJ21	7	3:57	ARJ21-700	5	4:23
			合　計	613		合　計	180	

機　種	機数	稼動	機　種	機数	稼動	機　種	機数	稼動
(タイ国際航空)			**(カタール航空)**			**(エミレーツ航空)**		
A330-300	15	5:46	A320-200	29	6:34	A380-800	118	6:41
A350-900	12	7:00	A321-200	3	6:41	B777-200	10	7:31
A380-800	6	0:00	A330-200	6	4:06	B777-200F	10	15:32
B747-400	9	0:00	A330-300	8	6:07	B777-300	124	10:49
B777-200	12	0:00	A350-900	34	10:48	合　計	262	
B777-300	20	0:00	A350-1000	19	14:34	**(エティハド航空)**		
B787-800	6	2:18	A380-800	10	12:30			
B787-900	2	0:00	B747-8F	2	14:06	…	…	…
合　計	82		B777-200	9	9:56			
(ガルーダ・インドネシア航空)			B777-200F	26	16:33			
A330-200	7	3:33	B777-300	51	13:55	**(イラン航空)**		
A330-300	17	2:36	B787-800	30	10:50	A300	5	0:27
A330-900	3	4:16	B787-900	7	12:35	A300-600	4	2:26
B737-MAX8	1	0:00	合　計	234		A300F	2	0:00
B737-800	43	6:05	**(ターキッシュエアラインズ)**			A310-300	2	0:00
B777-300	10	3:17	A310-300F	2	7:15	A319	2	4:13
ATR72-600	13	1:19	A319	6	7:34	A320-200	6	0:53
CRJ-1000	18	2:52	A320-200	11	6:49	A321-200	1	2:02
合　計	112		A321-200	97	7:08	A330-200	2	6:23
(フィリピン航空)			A330-200	13	5:30	ATR72-600	13	4:48
A321-200	19	0:00	A330-200F	10	13:35	B747-200F	1	2:07
A330-300	9	0:00	A330-300	38	9:11	Fokker100	16	0:52
A350-900	4	0:00	A350-900	5	14:49	MD-82	1	1:47
B777-300	9	0:00	B737-800	93	6:42	合　計	55	
合　計	41		B737-900	15	8:15	**(アメリカン航空)**		
(マレーシア航空)			B737MAX8	19	10:06	A319	133	4:05
A330-200	6	10:52	B737MAX9	5	8:27	A320-200	48	2:24
A330-300	15	12:02	B777-200F	8	14:51	A321-200	262	4:33
A350-900	6	13:14	B777-300	33	11:21	B737-800	309	12:57
B737-800	48	5:11	B787-900	15	15:43	B777-200	47	9:07
合　計	75		合　計	370		B777-300	20	2:24
						B787-800	24	2:52
						B787-900	22	11:17
						合　計	865	

保有機一覧２０２１年（3）

機種	機数	稼動	機種	機数	稼動	機種	機数	稼動
(ﾕﾅｲﾃｯﾄﾞ航空)			(ﾌｪﾃﾞｯｸｽ)			(ｼﾞｪｯﾄﾌﾞﾙｰ)		
A319	81	5:43	A300-600	67	3:45	…	…	…
A320-200	96	5:19	ATR42-200	40	1:04			
B737MAX8	16	0:00	B757-200	119	2:37			
B737MAX9	30	8:10	B767-300	112	5:53	(ｺﾞﾙ航空)		
B737-700	40	6:47	B777-300	51	11:18	B737-700	23	9:23
B737-800	141	7:34	Cessna208	235	1:04	B737MAX8	21	5:49
B737-900	148	8:18	MD10-30	11	4:04	B737-800	89	2:19
B757-200	40	4:23	MD-11	57	7:28	合計	133	
B757-300	21	6:48	合計	10380		(ｱﾋﾞｱﾝｶ航空)		
B767-300	38	6:15	(ﾊﾜｲｱﾝ航空)			A319	21	8:32
B767-400	16	2:53	A321-200	18	10:02	A320-200	71	8:11
B777-200	74	14:07	A330-200	24	12:03	A321-200	10	7:05
B777-300	22	11:37	B717-200	17	2:51	A330-300	6	10:27
B787-10	13	11:39	合計	59		B787-800	10	8:38
B787-800	12	10:10	(ｱｴﾛﾌﾛｰﾄ・ﾛｼｱ航空)			合計	118	
B787-900	38	12:15	Sukhoi SSJ	10	…			
合計	826		A320-100	64	…			
(ﾃﾞﾙﾀ航空)			A321-100	36	…			
A220-100	41	1:01	A330-300	12	…			
A220-300	10	1:01	A350-900	6	…			
A319	57	6:04	B737-800	37	…			
A320-200	56	7:47	B777-300	22	…			
A321-200	127	9:08	合計	187				
A330-200	11	7:19	(LATAM航空ｸﾞﾙｰﾌﾟ)					
A330-300	31	9:56	A319	43	6:49			
A330-900	11	11:42	A320-200	145	7:43			
A350-900	24	9:53	A321-200	48	7:38			
B717-200	54	6:55	A350-900	2	4:30			
B737-800	77	8:04	B767-300	23	7:37			
B737-900	140	8:56	B767-300F	12	14:08			
B757-200	100	7:36	B777-300	10	6:17			
B757-300	16	9:33	B787-800	10	7:15			
B767-300	40	7:23	B787-900	15	7:41			
B767-400	21	9:29	合計	308				
合計	816							

出典：IATA, World Air Transport Statistics
注 ：稼動とは各機種別の１日当たり平均飛行時間（時間：分）を表す

機　種	機数	稼動	機　種	機数	稼動	機　種	機数	稼動
(ブリティッシュ・エアウェイズ)			(ルフトハンザドイツ航空)			(スイスインターナショナルエアラインズ)		
A319	30	1:32	A319	35	4:48	A220-100	9	4:40
A320-200	84	2:40	A320-200	94	4:14	A220-300	20	3:44
A321-200	28	1:32	A321-200	74	2:11	A320-200	19	2:18
A350-1000	8	10:07	A330-300	14	13:19	A321-100	6	1:47
A380-800	12	12:19	A340-300	17	7:59	A321-200	3	3:35
B777-200	43	5:58	A340-600	17	⋯	A330-300	14	2:37
B777-300	16	7:27	A350-900	17	9:57	A340-300	5	7:07
B787-10	2	11:36	A380-800	14	⋯	B777-300	12	7:54
B787-800	12	6:25	B747-400	8	1:00	合　計	88	
B787-900	18	9:58	B747-8	19	6:46	(エチオピア航空)		
ERJ190-100	24	3:23	B777-200F	11	15:31	A350-900	18	9:01
合　計	277		ERJ190-100	9	4:46	B737-700	4	9:18
(ヴァージン・アトランティック航空)			ERJ190-200	2	3:12	B737-800	17	9:17
			CRJ-900	31	3:59	B767-300	3	8:55
⋯	⋯	⋯	合　計	362		B777-200	6	11:51
			(イベリア航空)			B777-300	4	8:20
			A319	4	5:37	B777-200F	9	5:35
(KLMオランダ航空)			A320-200	22	4:57	B787-800	19	2:55
A330-200	6	7:10	A321-200	11	3:12	B787-900	8	4:28
A330-300	5	13:03	A330-200	18	7.32	DHC8-400	29	7:43
B737-700	10	6:40	A330-300	8	10:16	合　計	1755	
B737-800	31	4:46	A350-900	9	12:09			
B737-900	5	4:03	合　計	72				
B777-200	15	8:22	(スカンジナビア航空)					
B777-300	16	15:09	A319	2	6:09			
B787-10	5	14:58	A320-100	2	5:43			
B787-900	13	14:14	A320-200	37	6:45			
ERJ170-200	17	7:10	A330-300	5	7:51			
ERJ190-100	30	4:34	A350-900	4	8:40			
ERJ190-200	7	8:10	B737-700	12	4:41			
合　計	160		B737-800	8	4:06			
			合　計	70				

3．人員統計

従業員数（1）

航空会社名	操縦士		その他の運航乗務員		客室乗務員		整備士	
	2021	2022	2021	2022	2021	2022	2021	2022
日本航空	1,889	1,902	327	371	6,082	6,292	154	145
全日本空輸	1,899	2,056	1	1	7,053	6,302	1,439	1,374
シンガポール航空	2,406	2,367	…	…	6,779	7,287	352	379
カンタス航空	4,055	4,540	…	0	8,041	8,570	3,443	3,662
ヴァージン・オーストラリア	989	1,094	22	…	1,737	2,082	640	378
ニュージーランド航空	1,311	…	…	…	1,168	…	1,299	…
大韓航空	2,541	2,643	…	0	6,373	6,268	4,779	4,716
アシアナ航空	1,464	1,434	112	108	3,623	3,473	1,385	1,315
キャセイパシフィック航空	2,731	2,686	1	1	6,671	6,315	969	973
中国国際航空	7,455	7,740	…	0	16,333	16,138	324	326
中国東方航空	9,522	9,944	…	…	20,518	20,466	13,609	13,427
山東航空	…	…	…	…	…	…	…	…
厦門航空	2,236	2,220	553	398	5,302	4,597	3,657	3,374
深圳航空	2,877	2,933	310	394	5,864	5,708	4,333	4,214
中華航空	1,266	1,306	…	…	2,857	2,794	2,172	2,123
エバー航空	1,262	1,301	…	0	3,964	3,943	119	123
タイ国際航空	900	900	201	205	2,983	2,978	1,878	1,870
ガルーダ・インドネシア航空	1,132	1,144	…	0	2,087	1,924	87	73
マレーシア航空	1,033	…	…	…	1,908	…	1,526	…
エミレーツ航空	3,086	3,721	455	479	14,071	17,806	3,974	5,400
カタール航空	3,152	3,759	518	607	8,771	13,704	3,111	2,658
ターキッシュエアラインズ	5,612	5,831	…	…	12,039	13,224	175	199

営業関係職員		運送関係職員		その他		合　計		対前年増減率(%)	
2021	2022	2021	2022	2021	2022	2021	2022	2021	2022
1,295	1,268	1,195	1,148	1,061	1,099	12,003	12,225	(10.3)	1.8
…	…	563	585	3,117	3,001	14,072	13,319	(9.3)	(5.7)
2,577	2,686	750	776	1,509	1,549	14,373	15,044	1.2	4.5
581	937	3,187	4,459	4,612	3,896	23,919	26,064	1.8	8.2
281	190	1,575	736	535	2,439	5,779	6,919	(23.7)	16.5
636	…	1,732	…	1,800	…	7,946	…	7.5	…
1,623	1,645	2,480	2,543	1,613	1,327	19,409	19,142	(3.4)	(1.4)
1,511	1,453	886	839	496	494	9,477	9,116	(5.3)	(4.0)
1,200	1,266	1,700	1,620	3,446	3,601	16,718	16,462	(13.2)	(1.6)
3,322	3,514	7,327	8,593	11,962	11,709	46,723	13,031	3.9	(258.6)
4,015	3,935	16,564	16,139	16,093	16,282	80,321	80,193	(1.0)	(0.2)
…	…	…	…	…	…	…	…	…	…
1,447	1,325	4,107	3,861	2,264	2,031	19,566	17,806	(7.4)	(9.9)
1,673	1,564	2,836	2,741	7,780	7,296	25,673	24,850	(3.8)	(3.3)
1,796	1,759	1,278	1,204	1,516	1,635	10,885	10,821	(4.6)	(0.6)
1,975	1,898	1,375	1,275	1,645	1,609	10,340	10,149	(6.8)	(1.9)
506	502	3,636	3,620	1,078	1,075	11,182	11,150	…	(0.3)
446	285	448	313	944	720	5,144	4,459	(12.9)	(15.4)
346	…	49	…	1,163	…	6,025	…	(22.9)	…
1,971	2,700	3,758	4,180	6,298	8,281	33,613	42,567	(3.0)	21.0
2,552	2,860	2,867	3,558	5,736	5,826	26,707	32,972	1.5	19.0
4,230	4,342	1,842	2,206	3,634	3,718	27,532	29,520	(4.1)	6.7

従業員数（２）

航空会社名	操縦士		その他の 運航乗務員		客室乗務員		整備士	
	2021	2022	2021	2022	2021	2022	2021	2022
アメリカン航空	14,011	14,700	…	…	24,077	25,189	15,165	15,998
ユナイテッド航空	11,539	13,652	…	…	19,375	22,345	7,380	9,408
デルタ航空	11,696	13,594	…	0	18,147	20,583	9,720	11,682
ハワイアン航空	828	978	…	0	1,983	2,231	574	597
サウスウエスト航空	…	…	…	…	…	…	…	…
スカイウエスト航空	…	…	…	…	…	…	…	…
ジェットブルー	…	…	…	…	…	…	…	…
アラスカ航空	3,061	3,292	…	0	5,532	6,618	1,391	1,506
ブエリング航空	1,277	1,215	…	0	2,078	2,451	111	117
フェデックス	4,755	5,101	…	…	…	…	3,093	3,114
アエロメヒコ	1,184	1,365	…	…	2,107	2,678	248	454
エア・カナダ	…	…	…	…	…	…	…	…
ゴル航空	1,744	…	…	…	3,080	…	2,031	…
ＬＡＴＡＭ航空グループ	3,327	3,654	…	…	6,690	7,423	4,740	5,313
ウエストジェット	…	…	…	…	…	…	…	…
アエロフロート・ロシア航空	2,143	…	174	…	7,317	…	2,471	…
ブリティッシュ・エアウェイズ	3,862	4,007	…	…	10,359	13,578	3,724	3,723
ヴァージン・アトランティック航空	…	…	…	…	…	…	…	…
ルフトハンザドイツ航空	10,683	…	…	…	29,949	…	20,569	…
スイスインターナショナルエアラインズ	1,287	1,218	…	0	3,021	3,615	804	910
ＫＬＭオランダ航空	2,069	2,088	…	0	5,540	6,403	3,752	3,867
イベリア航空	1,343	1,377	…	…	3,216	3,450	2,685	1,987

出典：IATA, World Air Transport Statistics（2024/02/01現在）
　注　：各暦年末の従業員数
　　　：（ ）はマイナスを表す

営業関係職員		運送関係職員		その他		合　計		対前年増減率(%)	
2021	2022	2021	2022	2021	2022	2021	2022	2021	2022
23,138	23,641	18,528	19,850	9,036	10,404	103,955	109,782	(2.2)	5.3
9,929	11,726	11,720	15,530	13,803	14,272	73,746	86,933	15.1	15.2
6,240	7,840	28,182	32,566	5,826	7,083	79,811	93,348	21.9	14.5
243	275	2,324	275	611	689	6,563	5,045	22.6	(30.1)
…	…	…	…	…	…	…	…	…	…
…	…	…	…	…	…	…	…	…	…
…	…	…	…	…	…	…	…	…	…
1,342	1,625	2,714	3,945	2,997	2,549	17,037	19,535	2.3	12.8
126	120	36	49	409	468	4,037	4,420	2.4	8.7
365	414	31,137	29,162	197,244	192,654	236,594	230,445	6.4	(2.7)
827	1,058	576	1,185	2,457	2,878	7,399	9,618	6.4	23.1
…	…	…	…	…	…	…	…	…	…
2,117	…	3,966	…	2,064	…	15,002	…	1.3	…
362	355	7,827	9,622	4,620	5,007	27,566	31,374	7.7	12.1
…	…	…	…	…	…	…	…	…	…
1,650	…	3,101	…	3,401	…	20,257	…	(9.7)	…
1,088	1,094	5,740	6,534	1,755	3,248	26,528	32,184	(6.4)	17.6
…	…	…	…	44,089	…	105,290	…	(4.5)	…
323	680	263	437	660	963	6,358	6,888	…	7.7
1,361	1,387	4,988	5,238	2,901	3,211	20,611	22,194	(2.5)	7.1
349	358	6,865	7,853	1,085	1,963	15,543	16,988	2.4	8.5

Ⅱ　世界・会社別統計

Ⅲ　日本民間航空（一般統計）

1. 輸　送　実　績

2. 空　港　統　計

3. 航　空　機　統　計

4. 人　員　統　計

5. 航　空　事　故　統　計

6. 日本に乗り入れている
   外国定期航空会社運航状況

1．輸送実績

1-1 わが国航空企業の国際線方面別輸送実績

出典：「航空輸送統計年報」（国土交通省）

https://www.e-stat.go.jp/stat-search/files?tclass=000001013576&cycle=7&year=20220

（2024/01/13現在）

1-2 日本出入航空貨物量およびわが国航空企業積取比率

出典：「国土交通白書」（国土交通省）

https://www.mlit.go.jp/statistics/file000004.html

（2024/01/13現在）

1-3 世界の国際線に占めるわが国航空企業のシェア

出典：「国土交通白書」（国土交通省）

https://www.mlit.go.jp/statistics/file000004.html

（2024/01/13現在）

1-4 2022年度日本民間航空輸送実績

出典：「航空輸送統計年報」（国土交通省）

https://www.e-stat.go.jp/stat-search/files?tclass=000001013576&cycle=7&year=20220

（2024/01/13現在）

1-5 日本民間航空定期輸送実績

出典：「航空輸送統計年報」（国土交通省）

https://www.e-stat.go.jp/stat-search/files?tclass=000001013576&cycle=7&year=20220

（2024/01/13現在）

1-6 国内幹線輸送実績

出典：「航空輸送統計年報」（国土交通省）

https://www.e-stat.go.jp/stat-search/files?tclass=000001013576&cycle=7&year=20220

（2024/01/13現在）

　　注　：「幹線」とは、新千歳、東京(羽田)、東京(成田)、大阪、関西、福岡、沖縄(那覇)
　　　　　の各空港を相互に結ぶ路線をいい、「ローカル線」とは、これ以外の各路線をいう。

1-7 国内主要（旅客数上位50路線）ローカル線輸送実績

出典：「航空輸送統計年報」（国土交通省）

https://www.e-stat.go.jp/stat-search/files?tclass=000001013576&cycle=7&year=20220

（2024/01/13現在）

　　注　：「幹線」とは、新千歳、東京(羽田)、東京(成田)、大阪、関西、福岡、沖縄(那覇)
　　　　　の各空港を相互に結ぶ路線をいい、「ローカル線」とは、これ以外の各路線をいう。

Ⅲ　日本・一般統計

117

２．空港統計

2-1 空港別国内線乗降客数（乗客＋降客）
出典：「空港管理状況調書」（国土交通省）

https://www.mlit.go.jp/koku/15_bf_000185.html　（2024/01/13現在）

2-2 空港別国際線乗降客数（乗客＋降客＋通過客）
出典：「空港管理状況調書」（国土交通省）

https://www.mlit.go.jp/koku/15_bf_000185.html　（2024/01/13現在）

　注：通過客とは国際線から国際線への乗り継ぎ旅客のことをいう

2-3 主要空港別貨物取扱量（積＋卸）
出典：「空港管理状況調書」（国土交通省）

https://www.mlit.go.jp/koku/15_bf_000185.html　（2024/01/13現在）

2-4 空港別着陸回数
出典：「空港管理状況調書」（国土交通省）

https://www.mlit.go.jp/koku/15_bf_000185.html　（2024/01/13現在）

2-5 空港別航空燃料供給量
出典：「空港管理状況調書」（国土交通省）

https://www.mlit.go.jp/koku/15_bf_000185.html　（2024/01/13現在）

2-6 全国飛行場一覧表
出典書籍：「数字でみる航空」（日本航空協会）

https://www.aero.or.jp/publication/culture/aviation_by_number_2023/

３．航空機統計

日本の登録航空機数

出典：「数字でみる航空」（日本航空協会）

https://www.aero.or.jp/publication/culture/aviation_by_number_2023/

４．人員統計

４-１　主要航空会社従業員数

出典書籍：「数字でみる航空」（日本航空協会）

https://www.aero.or.jp/publication/culture/aviation_by_number_2023/

４-２　主要航空会社の職種別運航乗務員数

出典書籍：「数字でみる航空」（日本航空協会）

https://www.aero.or.jp/publication/culture/aviation_by_number_2023/

４-３　航空従事者就労実態等

出典書籍：「数字でみる航空」（日本航空協会）

https://www.aero.or.jp/publication/culture/aviation_by_number_2023/

５．航空事故統計

出典書籍：「数字でみる航空」（日本航空協会）

https://www.aero.or.jp/publication/culture/aviation_by_number_2023/

６．日本に乗り入れている外国定期航空会社運航状況

出典書籍：「数字でみる航空」（日本航空協会）

https://www.aero.or.jp/publication/culture/aviation_by_number_2023/

Ⅳ　日本民間航空（会社別統計）

全日本空輸・エアージャパン・
ＡＮＡウイングス・Peach Aviation

2. 日 本 航 空 グ ル ー プ
2－1　日本航空
2－2　日本トランスオーシャン航空
2－3　ZIPAIR Tokyo
2－4　琉球エアーコミューター
2－5　北海道エアシステム
2－6　ジェイエア
2－7　日本エアコミューター

3. 日 本 貨 物 航 空

4. ス カ イ マ ー ク

5. Ａ　Ｉ　Ｒ　Ｄ　Ｏ

6. ソ ラ シ ド エ ア

7. ス タ ー フ ラ イ ヤ ー

Ⅳ　日本民間航空（会社別統計）

1．ANAグループ

運航状況
国際線（旅客便）

路　　線	便数(往復/週)	路　　線	便数(往復/週)
成　田 － シカゴ	7	羽　田 － ロサンゼルス	14
成　田 － ロサンゼルス	7	羽　田 － サンフランシスコ	7
成　田 － サンフランシスコ	7	羽　田 － ワシントン	7
成　田 － ホノルル	14	羽　田 － シアトル	7
成　田 － メキシコシティ	7	羽　田 － ヒューストン	7
成　田 － ブリュッセル	2	羽　田 － ホノルル	7
成　田 － ホーチミンシティ	7	羽　田 － バンクーバー	7
成　田 － ハノイ	7	羽　田 － ロンドン	7
成　田 － バンコク	7	羽　田 － パリ	3
成　田 － クアラルンプール	7	羽　田 － フランクフルト	14
成　田 － シンガポール	7	羽　田 － ミュンヘン	3
成　田 － ジャカルタ	7	羽　田 － ジャカルタ	12
成　田 － ムンバイ	3	羽　田 － マニラ	7
成　田 － マニラ	7	羽　田 － ホーチミンシティ	7
成　田 － 北　京	4	羽　田 － デリー	7
成　田 － 大　連	2	羽　田 － バンコク	14
成　田 － 上　海(浦東)	3	羽　田 － シドニー	14
成　田 － 青　島	4	羽　田 － クアラルンプール	5
成　田 － 杭　州	3	羽　田 － シンガポール	14
成　田 － 広　州	2	羽　田 － ソウル(金浦)	21
成　田 － 深　圳	2	羽　田 － 台　北(松山)	14
成　田 － 香　港	7	羽　田 － 香　港	7
羽　田 － ニューヨーク	10	羽　田 － 上　海(浦東)	7
羽　田 － シカゴ	7		

出典：2023年3月末日時刻表

国際線（貨物便）

路　　線	便数(往復/週)	路　　線	便数(往復/週)
成　田 － シカゴ	7	成　田 － 台　北(桃園)	7
成　田 － ロサンゼルス	1	成　田 － 香　港	7
成　田 － ホノルル	3	成　田 － 北　京	3
成　田 － バンコク	7	成　田 － 大　連	5
成　田 － シンガポール	6	成　田 － 上　海(浦東)	18
成　田 － ホーチミンシティ	3	成　田 － 青　島	7
成　田 － ハノイ	6	成　田 － 厦　門	7
成　田 － ソウル(仁川)	5	成　田 － 広　州	7

出典：2023年3月末日時刻表

国内線（旅客便）

路　　線	便数(往復/日)	路　　線	便数(往復/日)
羽　田　―　新千歳	17	羽　田　―　松　山	6
羽　田　―　稚　内	1	羽　田　―　高　知	5
羽　田　―　オホーツク紋別	1	羽　田　―　福　岡	19
羽　田　―　根室中標津	1	羽　田　―　佐　賀	5
羽　田　―　釧　路	1	羽　田　―　大　分	4
羽　田　―　函　館	3	羽　田　―　熊　本	5
羽　田　―　大館能代	3	羽　田　―　長　崎	4
羽　田　―　秋　田	5	羽　田　―　宮　崎	5
羽　田　―　庄　内	5	羽　田　―　鹿児島	6
羽　田　―　富　山	3	羽　田　―　那　覇	13
羽　田　―　小　松	4	羽　田　―　宮　古	3
羽　田　―　能　登	2	羽　田　―　石　垣	2
羽　田　―　八丈島	3	成　田　―　新千歳	1
羽　田　―　中　部	1	成　田　―　中　部	1
羽　田　―　伊　丹	15	成　田　―　伊　丹	1
羽　田　―　関　西	5	新千歳　―　稚　内	2
羽　田　―　神　戸	2	新千歳　―　女満別	3
羽　田　―　岡　山	5	新千歳　―　根室中標津	3
羽　田　―　広　島	9	新千歳　―　釧　路	3
羽　田　―　岩　国	5	新千歳　―　函　館	2
羽　田　―　山口宇部	3	新千歳　―　青　森	2
羽　田　―　鳥　取	5	新千歳　―　秋　田	2
羽　田　―　米　子	6	新千歳　―　仙　台	2
羽　田　―　萩・石見	2	新千歳　―　福　島	1
羽　田　―　徳　島	4	新千歳　―　新　潟	2
羽　田　―　高　松	6	新千歳　―　富　山	1

出典：2023年3月末日時刻表
　注　：ANA運航便とAKX運航便の合計

路　　　線	便数(往復/日)	路　　　線	便数(往復/日)
新千歳　―　小　　松	1	伊　丹　―　熊　　本	6
新千歳　―　中　　部	4	伊　丹　―　長　　崎	4
新千歳　―　伊　　丹	6	伊　丹　―　宮　　崎	6
新千歳　―　関　　西	3	伊　丹　―　鹿児島	5
新千歳　―　神　　戸	1	伊　丹　―　那　　覇	3
新千歳　―　岡　　山	1	関　西　―　宮　　古	1
新千歳　―　広　　島	1	関　西　―　石　　垣	1
新千歳　―　福　　岡	1	福　岡　―　小　　松	2
中　部　―　秋　　田	1	福　岡　―　中　　部	2
中　部　―　仙　　台	2	福　岡　―　対　　馬	3
中　部　―　松　　山	3	福　岡　―　五島福江	1
中　部　―　熊　　本	2	福　岡　―　宮　　崎	1
中　部　―　長　　崎	2	福　岡　―　那　　覇	9
中　部　―　鹿児島	1	那　覇　―　仙　　台	1
中　部　―　石　　垣	1	那　覇　―　新　　潟	1
中　部　―　宮　　古	1	那　覇　―　中　　部	2
伊　丹　―　函　　館	1	那　覇　―　関　　西	3
伊　丹　―　青　　森	3	那　覇　―　広　　島	1
伊　丹　―　仙　　台	5	那　覇　―　岩　　国	1
伊　丹　―　福　　島	2	那　覇　―　高　　松	1
伊　丹　―　秋　　田	3	那　覇　―　熊　　本	1
伊　丹　―　新　　潟	4	那　覇　―　宮　　古	5
伊　丹　―　松　　山	9	那　覇　―　石　　垣	6
伊　丹　―　高　　知	6		
伊　丹　―　福　　岡	5		
伊　丹　―　大　　分	3		

輸送実績

年度 項目	2020		
	国際線	国内線	合　計
運航回数	26,632	212,145	238,777
飛行距離（千キロ）	146,710	178,966	325,676
飛行時間（時間）	191,600	306,540	498,140
旅客数	427,392	12,660,650	13,088,042
旅客キロ（千人キロ）	2,840,451	11,567,744	14,408,195
有効座席キロ（千座席キロ）	14,465,583	26,896,624	41,362,207
有償座席利用率（％）	19.6	43.0	34.8
有償貨物重量　　貨　　物	655,019	218,032	873,051
（トン）　　　　郵　　便	13,686	23,458	37,144
有償トンキロ　　旅　　客	266,375	868,508	1,134,883
（千トンキロ）　貨　　物	3,251,280	240,422	3,491,702
郵　　便	71,766	23,203	94,969
合　　計	3,589,421	1,132,133	4,721,554
有効トンキロ（千トンキロ）	－	－	－
有償重量利用率（％）	－	－	－

出典：ANAホールディングス有価証券報告書

　注　：距離は国際線は大圏距離、国内線は区間距離を使用

2021			2022		
国際線	国内線	合　計	国際線	国内線	合　計
38, 527	276, 732	315, 259	41, 521	365, 967	407, 488
224, 573	239, 638	464, 211	229, 546	310, 896	540, 442
291, 833	413, 559	705, 392	306, 327	544, 243	850, 570
825, 524	17, 959, 225	18, 784, 749	4, 212, 581	34, 534, 798	38, 747, 379
5, 550, 477	16, 382, 448	21, 932, 925	26, 408, 990	32, 201, 978	58, 610, 968
20, 524, 342	34, 288, 864	54, 813, 206	35, 875, 939	49, 901, 650	85, 777, 589
27. 0	47. 8	40. 0	73. 6	64. 5	68. 3
976, 644	251, 332	1, 227, 976	805, 799	253, 661	1, 059, 460
18, 737	24, 663	43, 400	15, 999	25, 086	41, 085
522, 597	1, 228, 684	1, 751, 281	2, 492, 625	2, 414, 730	4, 907, 355
5, 186, 055	281, 992	5, 468, 047	4, 147, 026	281, 531	4, 428, 557
87, 665	24, 180	111, 845	78, 114	24, 795	102, 909
5, 796, 317	1, 534, 856	7, 331, 173	6, 717, 765	2, 721, 056	9, 438, 821
－	－	－	－	－	－
－		－	－	－	－

収支状況（連結収支）

年　　度		セグメント別売上高					
		航空運送事業	航空関連事業	旅行事業	商社事業	その他の事業	セグメン取引
2020	（国際）	208,177		492			
	（国内）	226,550		38,530			
	その他	169,287		6,028			
	合　計	604,014	222,139	45,050	79,958	36,643	-259,1
2021	（国際）	404,349		171			
	（国内）	307,475		26,243			
	その他	173,272		19,868			
	合　計	885,096	206,806	46,282	81,694	38,130	-237,6
2022	（国際）	747,826		1,512			
	（国内）	556,610		45,954			
	その他	235,007		26,349			
	合　計	1,539,443	247,129	73,815	103,252	38,066	-294,2

出典：ANAホールディングス有価証券報告書

合計	営業費用			営業利益	営業外収益	営業外費用	経常利益
	事業費	販売及び一般管理費	合計				
728,683	1,000,000	193,457	1,193,457	-464,774	60,700	47,281	-451,355
,020,324	1,049,414	144,037	1,049,414	-173,127	40,551	52,359	-184,935
,707,484	1,403,567	183,887	1,587,454	120,030	28,589	36,809	111,810

Ⅳ 日本・会社別統計

航空機保有状況

(機)

機　種／年度	2020	2021	2022
ボーイング777-300	21(9)	11(9)	9(9)
ボーイング777-200	10(4)	8(2)	9(1)
ボーイング777F	2	2	2
ボーイング787-10	2	2	2(1)
ボーイング787-9	30(6)	33(6)	34(6)
ボーイング787-8	31(5)	31(5)	31(5)
ボーイング767-300	21	18	15
ボーイング767-300F	6(3)	6(3)	6(3)
ボーイング737-800	24(15)	24(15)	24(15)
ボーイング737-700	5		
エアバスA380	2	3	3
エアバスA321neoLR		1	(3)
エアバスA321neo	(17)	(22)	(22)
エアバスA321-200	(4)	(4)	(4)
エアバスA320neo	11(3)	11(7)	11(10)
エアバスA320-200	(38)	(29)	(27)
DHC-8-400	24	24	24
その他			
小　　計	189(104)	173(103)	170(106)
合　　計	293	276	276

出典：ANAホールディングス資料
注　：（ ）はリース機数を外数で記載
　　　各年度3月31日現在の保有機数
※当社が所有または賃借している飛行機で、外部へ賃貸している航空機は含まれていません。

従業員数（全日本空輸）

(人)

年　　　度	2020	2021	2022
地上職員	4,071	4,798	4,504
客室乗務員	7,301	7,046	6,049
運航乗務員	2,223	2,236	2,250
（整備従事者）	(1,483)	(2,630)	(1,371)
総　　　計	15,078	14,080	12,803

出典：全日本空輸資料
注　：各年度3月31日時点の従業員数

資本金

年　度	資本金（期末）	備　考
1952	1億5千万円	日本ヘリコプター輸送設立、極東航空㈱設立
1956	3億円	株主割当有償1：1増資
1957	6億円	極東航空㈱と1：1で合併、（全日本空輸㈱と社名変更）
1959	11億円	株主割当有償1：0.5増資、第三者割当増資
1961	22億円	株主割当有償1：1増資
1963	46億5千万円	株主割当有償1：1増資、藤田航空㈱と2：1で合併
1969	93億円	株主割当有償1：1増資
1971	200億円	株主割当有償1：1増資、公募増資
1973	270億円	株主割当有償1：0.2増資、株主割当無償1：0.05公募増資
1974	275億4千万円	資本準備金の一部資本組入、株主割当無償1：0.02増資
1975	279億円	転換社債の株式転換
1976	286億5千万円	〃
1978	369億1千万円	転換社債の株式転換
1979	405億4千万円	株主割当無償1：0.05増資、公募増資
1979	405億4千万円	株主割当無償1：0.05増資、公募増資
1980	427億9千万円	株主割当無償（1：0.05）増資、転換社債の株式転換
1981	428億7千万円	転換社債の株式転換
1982	473億2千万円	公募増資、株主割当無償1：0.05増資、転換社債の株式転換
1983	481億7千万円	転換社債の株式転換
1984	632億3千万円	公募増資、株主割当無償1：0.05増資
1985	646億4千万円	転換社債の株式への転換、株主割当無償1：0.05増資
1989	692億1千万円	転換社債の株式への転換
1990	692億6千万円	〃
1991	721億4千万円	株主割当無償1：0.05増資
1999	860億7千万円	転換社債の株式への転換
2001	862億4千万円	〃
2003	867億6千万円	〃
2004	1,072億9千万円	転換社債の株式への転換、新株予約権の行使
2005	1,600億円	新株予約権の行使、公募増資、第三者割当増資
2009	2,313億8千万円	公募増資、第三者割当増資
2012	3,187億8千万円	公募増資、第三者割当増資
2013	3,187億8千万円	社名をANAホールディングス株式会社と変更
2014		
2015		
2016		
2017		
2018		
2019		
2020	4,676億円	公募増資、第三者割当増資
2021		
2022		

出典：ANAホールディングス有価証券報告書

ＡＮＡグループ各社のデータ一覧

運航機材

（機）

会社名	運航機材
エアージャパン（AJX）	ボーイング787-8、ボーイング787-9、ボーイング787-10
ANAウイングス（AKX）	ボーイング737-800、DHC8-400
Peach Aviation（APJ）	エアバスA320、エアバスA321

従業員数

（人）

会社名	運航乗務員	客室乗務員	左記以外	会社計
エアージャパン（AJX）	84	508	85	677
ANAウイングス（AKX）	541	969	378	1,888
Peach Aviation（APJ）	499	795	772	2,066

注：いずれも派遣社員を含む

資本金

単位：百万円

会社名	金　額
エアージャパン（AJX）	50
ANAウイングス（AKX）	50
Peach Aviation（APJ）	100

出典：ANAホールディングス資料
注　：いずれも2023年3月末のデータ

２．日本航空グループ

運航状況

国際線（旅客便）

路　　　線	便数(往復/週)	路　　　線	便数(往復/週)
成　田　－　ロサンゼルス	7	羽　田　－　ニューヨーク	14
成　田　－　バンクーバー	7	羽　田　－　ホノルル	14
成　田　－　ホノルル	7	羽　田　－　ロンドン	14
成　田　－　コナ	7	羽　田　－　パリ	7
成　田　－　ボストン	7	羽　田　－　ヘルシンキ	7
成　田　－　サンディエゴ	7	羽　田　－　モスクワ	7
成　田　－　シアトル	7	羽　田　－　ホーチミンシティ	7
成　田　－　サンフランシスコ	7	羽　田　－　バンコク	14
成　田　－　グアム	7	羽　田　－　シンガポール	14
成　田　－　メルボルン	7	羽　田　－　マニラ	7
成　田　－　フランクフルト	7	羽　田　－　デリー	7
成　田　－　ウラジオストク	7	羽　田　－　シドニー	7
成　田　－　ハノイ	7	羽　田　－　ソウル(金浦)	21
成　田　－　ホーチミンシティ	7	羽　田　－　台　北(松山)	14
成　田　－　バンコク	7	羽　田　－　香　港	7
成　田　－　シンガポール	7	羽　田　－　上　海(虹橋)	7
成　田　－　クアラルンプール	7	羽　田　－　上　海(浦東)	14
成　田　－　ジャカルタ	14	羽　田　－　北　京	14
成　田　－　マニラ	14	羽　田　－　広　州	7
成　田　－　ベンガルール	7	羽　田　－　大　連	7
成　田　－　大　連	7	中　部　－　ホノルル	7
成　田　－　上　海(浦東)	21	中　部　－　上　海(浦東)	7
成　田　－　北　京	7	中　部　－　天　津	7
成　田　－　香　港	7	中　部　－　台　北(桃園)	7
成　田　－　台　北(桃園)	7	関　西　－　ロサンゼルス	7
羽　田　－　シカゴ	7	関　西　－　ホノルル	7
羽　田　－　ダラス	7	関　西　－　上　海(浦東)	14
羽　田　－　ロサンゼルス	7	関　西　－　台　北(桃園)	7
羽　田　－　サンフランシスコ	7	関　西　－　バンコク	7

出典：2022年冬ダイヤ（2022年10月30日～2023年3月25日）

注　：運航計画便数（申請ベース）　　LCC事業であるZIPAIR Tokyoによる運航状況は除く

国内線（旅客便）

路　　線	便数(往復/日)	路　　線	便数(往復/日)
羽　田　―　新千歳	16	羽　田　―　那　覇	12
羽　田　―　女満別	3	羽　田　―　宮　古	1
羽　田　―　旭　川	4	羽　田　―　石　垣	2
羽　田　―　釧　路	3	成　田　―　新千歳	1
羽　田　―　帯　広	4	成　田　―　中　部	2
羽　田　―　函　館	3	成　田　―　伊　丹	1
羽　田　―　青　森	6	成　田　―　福　岡	1
羽　田　―　三　沢	4	新千歳　―　女満別	3
羽　田　―　秋　田	4	新千歳　―　青　森	3
羽　田　―　山　形	2	新千歳　―　秋　田	2
羽　田　―　小　松	6	新千歳　―　花　巻	3
羽　田　―　中　部	2	新千歳　―　仙　台	5
羽　田　―　伊　丹	15	新千歳　―　新　潟	2
羽　田　―　関　西	3	新千歳　―　中　部	3
羽　田　―　南紀白浜	3	新千歳　―　関　西	2
羽　田　―　岡　山	5	新千歳　―　広　島	1
羽　田　―　広　島	8	丘　珠　―　利　尻	1
羽　田　―　山口宇部	4	丘　珠　―　釧　路	4
羽　田　―　出　雲	5	丘　珠　―　函　館	6
羽　田　―　徳　島	6	丘　珠　―　三　沢	1
羽　田　―　高　松	7	丘　珠　―　女満別	2
羽　田　―　高　知	5	丘　珠　―　奥　尻	1
羽　田　―　松　山	6	函　館　―　奥　尻	1
羽　田　―　福　岡	17	伊　丹　―　新千歳	4
羽　田　―　北九州	4	伊　丹　―　函　館	1
羽　田　―　大　分	6	伊　丹　―　青　森	3
羽　田　―　長　崎	6	伊　丹　―　三　沢	1
羽　田　―　熊　本	8	伊　丹　―　秋　田	3
羽　田　―　宮　崎	6	伊　丹　―　花　巻	4
羽　田　―　鹿児島	8	伊　丹　―　山　形	3
羽　田　―　奄美大島	1	伊　丹　―　仙　台	8

出典：2022年冬ダイヤ（2022年10月30日〜2023年3月25日）時刻表　運航計画便数（申請ベース）
注　：国内線は、JALグループ全体の運航状況

路　　　線	便数(往復/日)	路　　　線	便数(往復/日)
伊　丹　―　新　潟	4	鹿児島　―　奄美大島	8
伊　丹　―　但　馬	2	鹿児島　―　徳之島	4
伊　丹　―　出　雲	4	鹿児島　―　沖永良部	3
伊　丹　―　隠　岐	1	鹿児島　―　与　論	1
伊　丹　―　松　山	2	奄美大島―　喜界島	2
伊　丹　―　福　岡	4	奄美大島―　徳之島	2
伊　丹　―　大　分	3	奄美大島―　与　論	1
伊　丹　―　長　崎	4	那　覇　―　小　松	1
伊　丹　―　熊　本	5	那　覇　―　中　部	4
伊　丹　―　宮　崎	5	那　覇　―　関　西	3
伊　丹　―　鹿児島	8	那　覇　―　岡　山	1
伊　丹　―　屋久島	1	那　覇　―　奄美大島	1
伊　丹　―　奄美大島	1	那　覇　―　与　論	1
伊　丹　―　那　覇	2	那　覇　―　北大東	0.5
福　岡　―　新千歳	2	那　覇　―　南大東	1.5
福　岡　―　花　巻	1	那　覇　―　久米島	7
福　岡　―　仙　台	2	那　覇　―　宮　古	9
福　岡　―　出　雲	2	那　覇　―　石　垣	8
福　岡　―　徳　島	2	那　覇　―　与那国	1
福　岡　―　高　知	2	那　覇　―　沖永良部	1
福　岡　―　松　山	4	南大東　―　北大東	0.5
福　岡　―　宮　崎	7	宮　古　―　多良間	2
福　岡　―　鹿児島	1	宮　古　―　石　垣	4
福　岡　―　那　覇	6	宮　古　―　中　部	1
福　岡　―　屋久島	1	宮　古　―　関　西	1
福　岡　―　奄美大島	1	石　垣　―　中　部	1
出　雲　―　隠　岐	1	石　垣　―　関　西	1
鹿児島　―　松　山	1	石　垣　―　与那国	3
鹿児島　―　種子島	4	沖永良部―　徳之島	1
鹿児島　―　屋久島	5		
鹿児島　―　喜界島	2		

収支状況（連結収支）

年　　度	セグメント別売上高					
	航空運送事業	航空運送関連事業	旅行企画販売事業	カード・リース事業	その他事業	セグメント間取引
2020	431,821	…	…	…	107,629	-58,225
2021	642,565	…	…	…	96,373	-56,225
2022	1,261,052	…	…	…	213,391	-98,854

出典：日本航空有価証券報告書
注　：ZIPAIR Tokyoも含む

収支状況（航空運送事業）

年　　度		定期航空事業					付帯事業収入
		旅客収入	貨物収入	郵便収入	手荷物収入	その他収入	
2020	（国際）	27,917	96,553	7,344	333		
	（国内）	174,006	21,735	3,192	219		
	合　計	201,923	118,288	10,536	552	100,517	…
2021	（国際）	68,785	182,877	11,089	746		
	（国内）	235,100	20,751	3,653	312		
	合　計	303,885	203,628	14,742	1,058	119,248	…
2022	（国際）	417,526	188,902	12,241	1,766		
	（国内）	451,127	20,017	3,631	409		
	合　計	868,653	208,919	15,872	2,175	165,427	…

出典：日本航空有価証券報告書
注　：「その他収入」にZIPAIR Tokyoの国際旅客収入も含む

全事業	営業費用			営業利益	営業外収益	営業外費用	経常利益
	事業費	販売及び一般管理費	合計				
481,225	725,572	152,149	877,721	−394,943	13,870	25,781	−406,854
682,713	728,272	120,021	848,293	−247,975	24,528	17,817	−241,264
1,375,589	1,009,774	141,261	1,151,035	10,109	48,923	15,577	43,455

合計	営業費用合計	営業利益	営業外収益	営業外費用	経常利益
431,821	885,037	−390,414	…	…	…
642,565	940,226	−234,767	…	…	…
1,261,052	1,344,686	65,059	…	…	…

輸送実績（含不定期輸送）

項目	2020 国際線	2020 国内線	2020 合　計
運航回数	…	…	…
飛行距離（千キロ）	…	…	…
飛行時間（時間）	…	…	…
有償旅客数　＊	357,519	12,212,131	12,569,650
有償旅客キロ（千人キロ）＊	2,196,423	9,282,122	11,478,545
有効座席キロ（千座席キロ）＊	11,918,047	19,452,985	31,371,032
有償座席利用率（％）＊	18.4	47.7	36.6
有償貨物重量　　貨　　物	…	…	…
（トン）　　超過手荷物	…	…	…
郵　　便	…	…	…
有償トンキロ　旅　　客	…	…	…
（千トンキロ）貨　　物	1,948,205	237,874	2,186,079
超過手荷物	…	…	…
郵　　便	155,413	20,675	176,088
合　　計	…	…	…
有効トンキロ（千トンキロ）	…	…	…
有償重量利用率（％）	…	…	…

出典：日本航空有価証券報告書

注　：距離は大圏距離を使用している

＊　：2020年度よりIFRS第15号「顧客との契約から生じる利益」の運用により、
　　　特典航空券で搭乗分の旅客は有償旅客に含まれる。当該変更により、
　　　「有償旅客数」「有償旅客キロ」「有償席利用率」には特典航空券で搭乗の旅客が含まれる。

＊　：国際線の各数値は、2020年度より「他社運航便のうちコードシェアによる自社販売分」
　　　を除いて算定している。またLCC事業であるZIPAIR Tokyoによる輸送実績は除いている。

2021			2022		
国際線	国内線	合　計	国際線	国内線	合　計
…	…	…	…	…	…
…	…	…	…	…	…
…	…	…	…	…	…
892,471	16,238,833	17,131,304	4,348,562	30,109,920	34,458,482
6,027,871	12,089,054	18,116,925	27,310,618	23,090,624	50,401,243
22,780,657	24,535,597	47,316,254	38,039,283	35,243,210	73,282,493
26.5	49.3	38.3	71.8	65.5	68.8
…	…	…	…	…	…
…	…	…	…	…	…
…	…	…	…	…	…
3,113,671	231,515	3,345,186	2,795,737	280,599	3,076,337
…	…	…	…	…	…
160,474	22,689	183,163	125,904	22,044	147,949
…	…	…	…	…	…
…	…	…	…	…	…
…	…	…	…	…	…

Ⅳ　日本・会社別統計

航空機保有状況

（機）

機　種／年	2020	2021	2022
エアバスA350型	4(4)	11(4)	12(4)
ボーイング777型	37	29	16
ボーイング787型	46(3)	48(3)	49(3)
ボーイング767型	31	29	16(11)
ボーイング737型	30(18)	34(18)	34(15)
ボーイング737-800型	13	13	13
E-170/190	32	32	32
DHC8-400CC	5	5	5
SAAB340B	3	0	0
ATR42/72-600	10(1)	12(1)	13(1)
小　計	211(26)	213(26)	190(34)
合　計	237	237	224

出典：日本航空有価証券報告書

注　：（　）内はリース機を外数で記載、会計上オフバランス処理を行っているオペレー
　　　ティングリースによって導入している航空機の機数を示す
　　　各年度3月31日現在の使用機数

資本金

年　　月	資　本　金	
2010.12. 1	1,750億00百万円	日本航空他3社合併、資本金全額減資、第三者割当株式発行
2010.12.24	7,750億02百万円	有償第三者割当株式発行
2011. 3.15	1,813億52百万円	有償第三者割当株式発行
2019. 3.31	1,813億52百万円	
2020. 3.31	1,813億52百万円	
2021. 3.31	2,732億円	
2022. 3.31	2,732億円	
2023. 3.31	2,732億円	

出典：日本航空有価証券報告書

2－1　日本航空

従業員数

（人）

年　　　度	2020	2021	2022
地上職員	4,373	4,266	4,515
客室乗務員	7,190	6,183	6,120
運航乗務員	2,224	2,277	2,334
（整備従事者）	108	95	96
総　　　計	13,787	12,726	12,969

出典：日本航空資料

注　：各年度3月31日時点の従業員数

2−2 日本トランスオーシャン航空

収支状況

年　　度	営業収入	うち旅客収入	営業費用
2020	19,186	15,013	27,660
2021	18,911	14,587	26,425
2022	36,134	30,155	35,986

出典：日本トランスオーシャン航空資料

運航状況

路　　線	便数（往復／日）	路　　線	便数（往復／日）
羽　田 ― 宮　古	1	那　覇 ― 久米島	1
羽　田 ― 石　垣	2	那　覇 ― 宮　古	8
福　岡 ― 那　覇	6	那　覇 ― 石　垣	7
那　覇 ― 小　松	1	石　垣 ― 関　西	1
那　覇 ― 中　部	4	宮　古 ― 関　西	1
那　覇 ― 関　西	3	石　垣 ― 中　部	1
那　覇 ― 岡　山	1	宮　古 ― 中　部	1

出典：2022年10月30日〜2023年3月25日時刻表

航空機保有状況

(機)

機　　種	2020	2021	2022
ボーイング737-400型	0	0	0
ボーイング737-800型	13	13	13

出典：日本トランスオーシャン航空資料
注　：（　）は賃借機数を内数で記載
　　　各年度3月31日現在の使用機数

従業員数

(人)

年　　度	2020	2021	2022
地上職員	419	430	442
客室乗務員	263	255	293
運航乗務員	143	145	158
（整備従事者）	(173)	(185)	(190)
合　　計	825	830	893

出典：日本トランスオーシャン航空資料
注　：各年度1月1日時点の従業員数

営業利益	営業外収入	営業外費用	経常利益
-8,474	17	105	-8,561
-7,514	227	207	-7,493
148	115	140	123

輸送実績

項　目　／　年　度		2020	2021	2022
運航回数		16,744	17,771	24,622
飛行距離(千キロ)		17,636	16,658	22,908
飛行時間(時間)		26,027	27,644	38,491
有償旅客数		1,261,509	1,222,525	2,384,086
有償旅客キロ（千人キロ)		1,023,513	1,109,629	2,325,427
有効座席キロ（千座席キロ)		2,585,223	2,744,808	3,776,947
有償座席利用率（%)		39.6	40.4	61.6
有償貨物重量	貨　物	21,014	19,250	22,531
（トン）	超過手荷物	0	0	0
	郵　便	1,182	1,027	996
有償トンキロ	旅　客	76,763	83,222	174,407
（千トンキロ）	貨　物	15,823	13,875	19,717
	超過手荷物	0	0	0
	郵　便	1,071	859	835
	合　　計	93,657	97,956	194,959
有効トンキロ（千トンキロ）		283,661	296,329	411,949
有償重量利用率（%)		33.0	33.1	47.3

出典：日本トランスオーシャン航空資料

注　：距離は運航距離

資本金

単位：百万円

年　度	資本金（期末)	備　考
1976	769	
1979	1,537	倍額増資
1991	4,537	
2020	4,537	
2021	4,537	
2022	4,537	

出典：日本トランスオーシャン航空資料

IV 日本・会社別統計

2－3 ZIPAIR Tokyo

収支状況

年　　度	営業収入	うち旅客収入	営業費用
2020	2,038	52	8,415
2021	6,876	717	13,558
2022	31,734	22,449	28,894

出典：ZIPAIR Tokyo資料

注　：2020年6月3日運航開始

運航状況

路　　線	便数（往復／日）	路　　線	便数（往復／日）
東京－バンコク	7	東京－サンホセ	5
東京－ソウル	7	東京－サンフランシスコ	5
東京－ホノルル	3	東京－マニラ	7
東京－シンガポール	7		
東京－ロサンゼルス	7		

出典：2023年夏ダイヤ

航空機保有状況

（機）

機　　種	2020	2021	2022
ボーイング787-8	2	4	5

出典：ZIPAIR Tokyo資料

注　：2023年1月1日現在の使用機数

従業員数

（人）

年　　度	2020	2021	2022
地上職員	73	70	84
客室乗務員	120	209	287
運航乗務員	43	77	103
（整備従事者）	0	0	0
総　　計	236	356	474

出典：ZIPAIR Tokyo資料

注　：2023年1月1日時点の従業員数

営業利益	営業外収入	営業外費用	経常利益
-6,377	76	0	-6,301
-6,682	96	16	-6,602
2,840	117	465	2,493

輸送実績

項　目　／　年　度		2020	2021	2022
運航回数		943	2,041	3,100
飛行距離(千キロ)		3,305	8,317	16,295
飛行時間(時間)		4,636	17,111	21,506
有償旅客数		2,289	25,791	488,210
有償旅客キロ（千人キロ）		7,241	98,667	2,471,419
有効座席キロ（千座席キロ）		336,843	1,791,942	4,667,603
有償座席利用率（%）		2.2	5.5	53.0
有償貨物重量	貨　　物	11,634	25,337	27,250
（トン）	超過手荷物	0	0	0
	郵　　便	197	825	798
有償トンキロ	旅　　客	677	9,192	230,652
（千トンキロ）	貨　　物	45,840	107,666	141,656
	超過手荷物	0	0	0
	郵　　便	311	1,547	3,477
	合　　計	46,829	118,405	375,785
有効トンキロ（千トンキロ）		55,261	140,441	409,145
有償重量利用率（%）		84.7	84.3	91.9

出典：ZIPAIR Tokyo資料
　注　：距離は運航距離

資本金

単位：百万円

年　度	資本金（期末）	備　　考
2020	9,000	
2021	100	
2022	100	

出典：ZIPAIR Tokyo　決算公告

2-4 琉球エアーコミューター

収支状況

年　度	営業収入	うち旅客収入	営業費用
2020	3,790	2,523	4,717
2021	3,948	2,797	4,552
2022	4,965	3,652	5,558

出典：琉球エアーコミューター資料

運航状況

路　　線	便数(往復/日)	路　　線	便数(往復/日)
那　覇　―　奄　美	0	那　覇　―　石　垣	0.5
那　覇　―　与　論	1	那　覇　―　与那国	1.5
那　覇　―　北大東	0.5	南大東　―　北大東	0.5
那　覇　―　南大東	1.5	宮　古　―　多良間	2
那　覇　―　久米島	6	宮　古　―　石　垣	3.0～4.0
那　覇　―　宮　古	1	石　垣　―　与那国	2.5～3.5

出典：2023年3月1日～3月25日時刻表
注　：運航計画便数（申請ベース）

航空機保有状況

(機)

機　　種	2020	2021	2022
DHC-8-400カーゴコンビ	5	5	5

出典：琉球エアーコミューター資料
注　：各年度3月31日現在の使用機数

従業員数

(人)

年　度	2020	2021	2022
地上職員	68	69	69
客室乗務員	30	28	29
運航乗務員	42	46	46
(整備従事者)	(22)	(20)	(21)
総　　計	140	143	144

出典：琉球エアーコミューター資料
注　：役員、社外への出向者、派遣社員は除く。社外からの出向者含む。
　　　各年度1月1日時点の従業員数

単位：百万円

営業利益	営業外収入	営業外費用	経常利益
-927	17	14	-924
-604	7	10	-606
-593	19	17	-591

輸送実績

項　目　／　年　度			2020	2021	2022
運航回数			11,978	11,928	14,340
飛行距離(千キロ)			2,996	3,008	3,417
飛行時間(時間)			8,129	8,068	9,345
有償旅客数			328,186	360,594	453,949
有償旅客キロ（千人キロ）			80,088	88,079	106,549
有効座席キロ（千座席キロ）			149,774	150,315	170,743
有償座席利用率（％）			53.5	58.6	62.4
有償貨物重量	貨　　物		3,067	3,322	3,425
（トン）	超過手荷物		…	…	…
	郵　　便		189	198	173
有償トンキロ	旅　　客		5,446	5,989	7,245
（千トンキロ）	貨　　物		738	852	829
	超過手荷物		…	…	…
	郵　　便		62	67	57
	合　　計		6,296	6,908	8,132
有効トンキロ（千トンキロ）			15,410	15,373	17,654
有償重量利用率（％）			40.9	44.9	46.1

出典：琉球エアーコミューター資料
注　：距離は運航距離を使用している

資本金

単位：百万円

年　　度	資本金（期末）	備　　考
1991	396	
2020	396	
2021	396	
2022	396	

出典：琉球エアーコミューター資料

2－5 北海道エアシステム

収支状況

年　　　度	営業収入	うち旅客収入	営業費用
2020	2,395	2,055	3,087
2021	2,762	2,340	3,090
2022	4,318	3,456	3,968

出典：北海道エアシステム資料

運航状況

路　　　線	便数（往復／日）	路　　　線	便数（往復／日）
丘　珠　－　釧　路	4(3)	函　館　－　奥　尻	1(0)
丘　珠　－　函　館	7(4)	丘　珠　－　三　沢	1(0)
丘　珠　－　利　尻	2(1)	丘　珠　－　女満別	2(1)
丘　珠　－　奥　尻	1(0)		

出典：2023年3月1日〜3月25日時刻表
注　：運航計画便数（申請ベース）

航空機保有状況

(機)

機　　　種	2020	2021	2022
SAAB340B	2	0	0
ATR42-600	2	3	3

出典：北海道エアシステム資料
注　：各年度3月31日現在の使用機数

従業員数

(人)

年　　　度	2020	2021	2022
地上職員	39	40	36
客室乗務員	13	17	18
運航乗務員	29	26	29
（整備従事者）	－	－	－
総　　　計	81	83	83

出典：北海道エアシステム資料
注　：各年度1月1日時点の従業員数

営業利益	営業外収入	営業外費用	経常利益
-692	15.5	29.7	-706
-328	15.7	36.6	-349
349	30.3	96.7	283

輸送実績

項　目　／　年　度		2020	2021	2022
運航回数		7,241	7,300	8,920
飛行距離（千キロ）		1,313	1,410	1,764
飛行時間(時間)		5,244	5,105	6,364
有償旅客数		156,067	175,033	281,339
有償旅客キロ（千人キロ）		28,305	35,746	55,321
有効座席キロ（千座席キロ）		52,475	61,956	84,682
有償座席利用率（％）		53.9	57.7	65.3
有償貨物重量	貨　　物	8	8	7
（トン）	超過手荷物	0	0	0
	郵　　便	0	0	0
有償トンキロ	旅　　客	2,120	2,681	4,149
（千トンキロ）	貨　　物	1	1	1
	超過手荷物	0	0	0
	郵　　便	0	0	0
	合　　計	2,121	2,682	4,150
有効トンキロ（千トンキロ）		3,725	3,755	4,589
有償重量利用率（％）		56.9	71.4	90.4

出典：北海道エアシステム資料

資本金

年　度	資本金（期末）	備　　考
2020	490	
2021	490	
2022	490	

出典：北海道エアシステム資料

Ⅳ 日本・会社別統計

2－6 ジェイエア

収支状況

年　　度	営業収入	旅客収入	営業費用
2020	…	…	…
2021	…	…	…
2022	…	…	…

注：日本航空グループ収支状況(p.136)を参照
　　日本航空との共同引受、連結決算のため記載していません

運航状況

路　　線	便数（往復／日）	路　　線	便数（往復／日）
羽　田 － 三　沢	2	伊　丹 － 宮　崎	5
羽　田 － 山　形	2	伊　丹 － 鹿児島	8
伊　丹 － 福　岡	4	新千歳 － 女満別	3
伊　丹 － 函　館	1	新千歳 － 青　森	3
伊　丹 － 青　森	3	新千歳 － 秋　田	2
伊　丹 － 三　沢	1	新千歳 － 花　巻	3
伊　丹 － 秋　田	3	新千歳 － 仙　台	5
伊　丹 － 花　巻	4	新千歳 － 新　潟	2
伊　丹 － 山　形	3	福　岡 － 花　巻	1
伊　丹 － 仙　台	8	福　岡 － 仙　台	2
伊　丹 － 新　潟	4	福　岡 － 徳　島	2
伊　丹 － 出　雲	4	福　岡 － 高　知	2
伊　丹 － 隠　岐	1	福　岡 － 宮　崎	7
伊　丹 － 松　山	2	福　岡 － 松　山	4
伊　丹 － 大　分	3	福　岡 － 奄美大島	1
伊　丹 － 長　崎	4	鹿児島 － 徳之島	2
伊　丹 － 熊　本	5	鹿児島 － 奄美大島	4

出典：2023年3月01日～3月31日時刻表

航空機保有状況

(機)

機　　種	2020	2021	2022
E170	18(18)	18(18)	18(18)
E190	14(14)	14(14)	14(14)

出典：ジェイエア資料　注：（ ）は賃借機数を内数で記載　各年度3月31日現在の機数

従業員数

(人)

年　　度	2020	2021	2022
地上職員	95	97	99
客室乗務員	282	300	320
運航乗務員	299	308	326
(整備従事者)	…	…	…
総　　計	676	705	745

出典：ジェイエア資料　注：各年度3月31日時点の従業員数

営業利益	営業外収入	営業外費用	経常利益
…	…	…	…
…	…	…	…
…	…	…	…

輸送実績

項　目　／　年　度			2020	2021	2022
運航回数			44,205	60,172	80,042
飛行距離(千キロ)			22,045,902	29,311,567	39,230,131
飛行時間(時間)			49,877	67,811	90,659
有償旅客数			1,733,804	2,311,553	3,887,358
有償旅客キロ（千人キロ）			886,743	1,149,537	1,973,437
有効座席キロ（千座席キロ）			1,882,626	2,492,721	3,339,842
有償座席利用率（％）			47	46	58
有償貨物重量	貨　　物		2,410	2,796	2,833
（トン）	超過手荷物		0	0	0
	郵　　便		1,215	1,121	1,053
有償トンキロ	旅　　客		68,666	88,445	150,234
（千トンキロ）	貨　　物		1,400	1,549	1,582
	超過手荷物		0	0	0
	郵　　便		756	676	634
	合　　計		70,822	89,994	152,450
有効トンキロ（千トンキロ）			…	…	…
有償重量利用率（％）			…	…	…

出典：ジェイエア資料

資本金

単位：百万円

年　度	資本金（期末）	備　　考
1996	200	
2019	200	
2020	200	
2021	100	
2022	100	

出典：ジェイエア資料

2－7 日本エアコミューター

収支状況

年　　度	営業収入	うち旅客収入	営業費用
2020	…	…	…
2021	…	…	…
2022	…	…	…

注：日本航空グループ収支状況(p.136)を参照
　　日本航空との共同引受、連結決算のため記載していません

運航状況

路　　線	便数（往復／日）	路　　線	便数（往復／日）
伊　丹 － 但　馬	2	鹿児島 － 徳之島	2
伊　丹 － 屋久島	1	鹿児島 － 沖永良部	3
福　岡 － 出　雲	2	鹿児島 － 与　論	1
福　岡 － 鹿児島	1	奄美大島 － 喜界島	2
福　岡 － 屋久島	1	奄美大島 － 徳之島	2
出　雲 － 隠　岐	1	奄美大島 － 与　論	0.5
鹿児島 － 松　山	1	徳之島 － 沖永良部	1
鹿児島 － 種子島	4	那　覇 － 奄美大島	0.5
鹿児島 － 屋久島	5	那　覇 － 沖永良部	1
鹿児島 － 奄美大島	3	那　覇 － 与　論	0.5
鹿児島 － 喜界島	2		

出典：2023年3月　日本エアコミューター資料
注　：運航計画便数（申請ベース）

航空機保有状況

(機)

機　　種	2020	2021	2022
DHC8-400	－	－	－
SAAB340B	－	－	－
ATR42-600	7(1)	8(1)	9 (1)
ATR72-600	2(0)	2(0)	2 (0)

出典：日本エアコミューター資料
注　：（ ）は賃借機数を内数で記載　各年度3月31日現在の使用機数

従業員数

(人)

年　　度	2020	2021	2022
地上職員	243	241	252
客室乗務員	60	60	63
運航乗務員	91	92	97
（整備従事者）	(114)	(106)	(116)
総　　計	394	393	412

出典：数字でみる航空2023（日本航空協会）、日本エアコミューター資料

単位：百万円

営業利益	営業外収入	営業外費用	経常利益
…	…	…	…
…	…	…	…
…	…	…	…

輸送実績

項　目　／　年　度		2020	2021	2022
運航回数		17,781	21,787	24,925
飛行距離(千キロ)		5,764	7,026	8,347
飛行時間(時間)		14,252	17,607	21,163
有償旅客数		381,791	495,426	764,469
有償旅客キロ（千人キロ）		123,758	159,778	256,011
有効座席キロ（千座席キロ）		295,268	354,421	431,263
有償座席利用率（％）		41.9	45.1	59.4
有償貨物重量	貨　　物	675	737	711
（トン）	超過手荷物	3	4	6
	郵　　便	147	142	187
有償トンキロ	旅　　客	9,282	11,983	19,201
（千トンキロ）	貨　　物	219	238	238
	超過手荷物	1	1	2
	郵　　便	48	46	62
	合　　計	9,550	12,268	19,503
有効トンキロ（千トンキロ）		30,069	36,367	43,406
有償重量利用率（％）		31.8	33.7	44.9

出典：日本エアコミューター資料
注　：距離は運航距離

資本金

単位：百万円

年　度	資本金（期末）	備　　考
1988	300	増資
2020	300	
2021	300	
2022	300	

出典：日本エアコミューター資料

3．日本貨物航空

運航状況

国際線（貨物便）

路　　　線	便数(往復/週)
成田－アンカレッジ－シカゴ－アンカレッジ－成田	7
成田－ロサンゼルス－成田	4
成田－アンカレッジ－ダラス－シカゴ－アンカレッジ－成田	1
成田－アンカレッジ－シカゴ－ニューヨーク－成田	1
成田－香港－成田	9
成田－上海（浦東）－成田	12
成田－台北－成田	2
成田－シンガポール－バンコク－成田	3
成田－シンガポール－香港－成田	1
～9/3 成田－アンカレッジ-アムステルダム－ミラノ－アンカレッジ-成田	5
9/4～ 成田－アンカレッジ-アムステルダム－ミラノ－アンカレッジ-成田	1
9/4～ 成田－アンカレッジ-アムステルダム－ミラノ－-成田	4

出典：2023年3月夏ダイヤ

注　：運航計画便数（申請ベース）

収支状況

年　　度	営業収入	うち貨物収入	営業費用
2020	122,566	101,911	89,516
2021	188,850	146,268	114,909
2022	218,213	160,089	156,321

出典：日本貨物航空資料

航空機保有状況

(機)

機　　　種	2020	2021	2022
ボーイング747-8F	8	8	8

出典：日本貨物航空資料

注　：自社運航機材数を示す

　　　各年度3月31日現在の使用機数

従業員数

(人)

年　　度	2020	2021	2022
地上職員	616	672	733
運航乗務員	160	162	175
(整備従事者)	(109)	(136)	(146)
総　　　計	776	834	908

出典：数字でみる航空（日本航空協会）

注　：各年度1月1日時点の従業員数

営業利益	営業外収入	営業外費用	経常利益
33,049	1,064	1,020	33,093
73,941	1,106	1,047	74,000
61,892	1,323	1,051	62,165

輸送実績

項　目　／　年　度	2020	2021	2022
運航回数	5,490	5,145	4,841
飛行距離（千キロ）	36,477	41,239	35,441
飛行時間（時間）	44,227	34,285	38,814
有償貨物郵便重量（トン）	552,675	409,663	337,428
有償トンキロ（千トンキロ）	2,770,592	2,677,362	2,266,810
有効トンキロ（千トンキロ）	4,039,799	3,589,330	3,488,762
有償重量利用率（％）	68.6	74.6	65.0

出典：日本貨物航空資料

資本金

単位：百万円

年　度	資本金（期末）	備考
1978	200	川崎汽船、日本郵船、大阪商船三井船舶、山下、新日本汽船、全日本空輸
1983	3,200	昭和海運・ジャパンライン株主参加、株主合計７４社
1987	14,400	株主合計８６社
1996	21,600	株主合計８０計
2004	21,600	株主合計４７社
2006	30,574	株主合計３９社
2008	50,574	株主合計３８社
2009	50,574	日本郵船他
2011	50,574	日本郵船
2016	10,000	日本郵船
2019		
2020		
2021		
2022		

出典：日本貨物航空資料

4. スカイマーク

収支状況

年　　度	営業収入	うち旅客収入	営業費用
2020	34,064	31,730	65,739
2021	47,147	45,641	63,841
2022	84,661	82,044	81,206

出典：スカイマーク資料

運航状況

路　　線	便数(往復／日)	路　　線	便数(往復／日)
羽　田　－　新千歳	9	神　戸　－　新千歳	3
羽　田　－　福　岡	12	神　戸　－　仙　台	2
羽　田　－　神　戸	6	神　戸　－　茨　城	3
羽　田　－　鹿児島	4	神　戸　－　長　崎	3
羽　田　－　那　覇	6	神　戸　－　鹿児島	2
羽　田　－　下地島	1	神　戸　－　那　覇	4
新千歳　－　中　部	3	神　戸　－　下地島	1
茨　城　－　新千歳	2	福　岡　－　新千歳	1
茨　城　－　福　岡	1	那　覇　－　福　岡	3 (2)
茨　城　－　那　覇	1	鹿児島　－　奄　美	2
中　部　－　鹿児島	2	下地島　－　福　岡	(1)
中　部　－　那　覇	3	下地島　－　那　覇	2

出典：2023年3月26日～10月28日時刻表
注　：括弧内は2023年7月1日～2023年8月31日の運航便数
　　　運航計画便数（申請ベース）

航空機保有状況

(機)

機　　種	2020	2021	2022
ボーイング737-800型	29	29	29

出典：スカイマーク資料　注：各年度3月31日現在の使用機数

従業員数

(人)

年　　度	2020	2021	2022
地上社員	1,569	1,555	1,505
客室乗務員	538	513	504
運航乗務員	354	339	333
(整備従事者)	(247)	(224)	(217)
総　　計	2,461	2,407	2,342

出典：スカイマーク資料

注　：各年度1月1日時点での従業員数

営業利益	営業外収入	営業外費用	経常利益
-31,675	3,431	1,357	-29,602
-16,694	2,474	860	-15,079
3,453	1,650	1,391	3,713

輸送実績

項　目　／　年　度		2020	2021	2022
運航回数		34,382	45,335	54,199
飛行距離(千キロ)		…	…	…
飛行時間(時間)		…	…	…
有償旅客数		2,962,594	4,167,503	7,022,017
有償旅客キロ（千人キロ）		3,063,029	4,339,195	7,450,098
有効座席キロ（千座席キロ）		6,298,832	8,371,874	10,025,049
有償座席利用率（%）		48.6	51.8	74.3
有償貨物重量	貨　　物	…	…	…
（トン）	超過手荷物	…	…	…
	郵　　便	…	…	…
有償トンキロ	旅　　客	…	…	…
（千トンキロ）	貨　　物	…	…	…
	超過手荷物	…	…	…
	郵　　便	…	…	…
	合　　計	…	…	…
有効トンキロ（千トンキロ）		…	…	…
有償重量利用率（%）		…	…	…

出典：スカイマーク資料　注：距離は運航距離

資本金

単位：百万円

年　度	資本金（期末）	備　　考
1996	150	設立
2001	4,397	1997-2001年度の各年度に第三者割当増資
2003	6,647	第三者割当増資
2004	2,163	資本金減資
2005	3,663	第三者割当増資
2008	4,777	第三者割当増資
2010	4,952	
2011	14,170	第三者割当増資
2012	14,177	
2014	14,181	
2015	9,000	
2018	9,000	
2020	100	資本金減資
2021	100	
2022	100	

出典：スカイマーク資料

IV 日本・会社別統計

5. AIRDO

収支状況

年　　度	営業収入	うち旅客収入	営業費用
2020	17,413	16,548	30,409
2021	27,313	26,369	32,048
2022	41,509	40,146	38,893

出典：AIRDO資料　　注：旅客収入には、コードシェアによる座席販売分を含む

運航状況

路　　線	便数(往復/日)	路　　線	便数(往復/日)
羽　田　—　新千歳	12	新千歳　—　仙　台	2
羽　田　—　旭　川	3	新千歳　—　神　戸	2
羽　田　—　函　館	2	新千歳　—　福　岡	1
羽　田　—　女満別	2	中　部　—　新千歳	1
羽　田　—　帯　広	3	中　部　—　函　館	1
羽　田　—　釧　路	2		

出典：2022年8月23日プレスリリース
注 ：2022年10月30日〜2023年3月25日の運航計画便数（申請ベース）
　　羽田—新千歳は、特定日のみの深夜便1往復を含んでおり、運航しない日は11往復
　　新千歳—福岡は、2022年7月から新規就航

航空機保有状況

(機)

機　　種	2020	2021	2022
ボーイング767-300ER型	2	4	4
ボーイング767-300型	2	0	0
ボーイング737-700型	8	8	8

出典：AIRDO資料　　注 ：各年度3月31日現在の使用機数

従業員数

(人)

年　　度	2020	2021	2022
地上職員	629	625	660
客室乗務員	245	246	261
運航乗務員	121	122	130
（整備従事者）	(120)	(120)	(83)
総　　計	995	993	1,051

出典：AIRDO資料　　注 ：各年度1月1日現在の従業員数

単位：百万円

営業利益	営業外収入	営業外費用	経常利益
-12,996	741	935	-13,190
-4,735	538	496	-4,692
2,616	214	447	2,383

輸送実績

項　目　／　年　度		2020	2021	2022
運航回数		13,536	18,974	22,513
飛行距離(千キロ)		13,059	18,472	21,891
飛行時間(時間)		21,455	30,165	36,481
有償旅客数		1,028,810	1,790,542	2,993,540
有償旅客キロ（千人キロ）		979,223	1,724,982	2,884,042
有効座席キロ（千座席キロ）		4,267,823	3,533,388	4,174,876
有償座席利用率（％）		42.0	48.8	69.1
有償貨物重量	貨　　物	9,425	12,282	13,260
（トン）	超過手荷物	58	83	98
	郵　　便	1,092	1,492	802
有償トンキロ	旅　　客	73,442	129,374	216,303
（千トンキロ）	貨　　物	8,598	11,357	12,138
	超過手荷物	57	82	97
	郵　　便	987	1,375	747
	合　　計	83,083	142,187	229,285
有効トンキロ（千トンキロ）		274,694	432,217	514,642
有償重量利用率（％）		30.2	32.9	44.6

出典：AIRDO資料
注：距離は運航距離
　　輸送実績には、コードシェアによる座席販売分およびチャーター便の実績を含む
　　旅客の有償トンキロは、国内線 75.0Kg/人、国際線 92.5Kg/人 で計算
　　2021年度以降は、有償旅客に特典旅客（マイレージ）を含む。

資本金

単位：百万円

年　度	資本金（期末）	備　　考
1996	54	資本金14百万円で設立、増資
2001	7,199	1997-2001年度の各年度に増資
2002	2,233	資本金全額減資、増資
2003	2,325	増資
2020	2,325	
2021	100	減資
2022	100	

出典：AIRDO資料

６．ソラシドエア

収支状況

年　　　度	営業収入	うち旅客収入	営業費用
2020	20,255	20,008	30,764
2021	26,102	25,819	32,332
2022	38,697	38,430	39,162

出典：ソラシドエア資料

運航状況

路　　　線	便数(往復/日)	路　　　線	便数(往復/日)
羽　田　—　大　分	4	那　覇　—　宮　崎	1
羽　田　—　熊　本	5	那　覇　—　鹿児島	2
羽　田　—　長　崎	4	那　覇　—　中　部	1
羽　田　—　宮　崎	6	那　覇　—　石　垣	2
羽　田　—　鹿児島	4	那　覇　—　福　岡	1
羽　田　—　那　覇	3	中　部　—　宮　崎	2
那　覇　—　神　戸	3	中　部　—　鹿児島	2

出典：2023年3月26日〜10月28日時刻表
注　：運航計画便数（申請ベース）

航空機保有状況

（機）

機　　　種	2020	2021	2022
ボーイング737-800型	14	14	14

出典：ソラシドエア資料
注　：各年度3月31日現在の機数

従業員数

（人）

年　　　度	2020	2021	2022
地上職員	524	526	507
客室乗務員	274	273	298
運航乗務員	138	146	154
（整備従事者）	（95）	（109）	89
合　　　計	936	945	959

出典：ソラシドエア資料
注　：各年度1月1日時点の従業員数

営業利益	営業外収入	営業外費用	経常利益
-10,509	1,034	174	-9,649
-6,230	1,005	162	-5,386
-465	652	493	-306

輸送実績

項　目　／　年　度	2020	2021	2022
運航回数	18,660	25,426	27,862
飛行距離(千キロ)	19,092	27,219	29,558
飛行時間(時間)	30,589	43,460	47,495
有償旅客数	659,609	1,123,067	1,926,502
有償旅客キロ（千人キロ）	691,090	1,273,769	2,141,535
有効座席キロ（千座席キロ）	1,979,585	3,186,168	3,539,252
有償座席利用率（%）	34.9	40.0	60.5
有償貨物重量　　　貨　　　物	0.5	3.6	29.7
（トン）　　　　超過手荷物	32.4	51.2	61.1
郵　　　便	0.0	0.0	0.0
有償トンキロ　　旅　　　客	51,832	95,533	160,615
（千トンキロ）　貨　　　物	0.5	3.7	30.4
超過手荷物	33.7	58.9	69.0
郵　　　便	0.0	0.0	0.0
合　　　計	51,866	95,595	160,715
有効トンキロ（千トンキロ）	285,643	431,169	473,441
有償重量利用率（%）	18.1	22.1	34.0

出典：ソラシドエア資料
注　：距離は運航距離
　　　輸送実績には、ANAへの座席販売分を含まない

資本金

単位：百万円

年　度	資本金（期末）	備　考
2003	2,621	
2004	3,868	
2006	1,934	資本金の減額、第三者割当増資
2010	2,345	第三者割当増資
2019	2,345	
2020	2,345	
2021	100	資本金の減額
2022	100	

出典：ソラシドエア資料

Ⅳ　日本・会社別統計

7．スターフライヤー

収支状況

年　　度	営業収入	うち旅客収入	営業費用
2020	18,295	18,082	29,534
2021	21,131	20,876	27,597
2022	32,275	31,879	33,593

出典：スターフライヤー資料

運航状況

路　　線	便数(往復/日)	路　　線	便数(往復/日)
北九州　—　羽　田	11	山口宇部　—　羽　田	3
関　西　—　羽　田	4	北九州　—　台　北	1
福　岡　—　羽　田	8	中　部　—　台　北	1
福　岡　—　中　部	6		

出典：2023年3月時刻表

注 ：運航計画便数（申請ベース）

　　国際線2路線（北九州—台北、中部—台北）は2020年3月11日から運休。

航空機保有状況

(機)

機　　種	2020	2021	2022
エアバスA320-200型	13(12)	11(10)	11(10)

出典：スターフライヤー資料

注 ：（　）は賃借機数を内数で記載　　各年度3月31日現在の使用機数

従業員数

(人)

年　　度	2020	2021	2022
地上職員	507	464	406
客室乗務員	206	198	192
運航乗務員	125	123	112
（整備従事者）	(173)	(100)	(92)
総　　計	838	790	710

出典：スターフライヤー資料

注 ：各年度3月31日時点の従業員数

営業利益	営業外収入	営業外費用	経常利益
-11,239	95	213	-11,356
-6,465	532	121	-6,054
-1,317	696	83	-704

輸送実績

項　目　／　年　度		2020	2021	2022
運航回数		15,029	17,216	21,001
飛行距離(千キロ)		12,947	15,040	18,647
飛行時間(時間)		23,327	27,199	33,551
有償旅客数（千人）		457	677	1,167
有償旅客キロ（百万人キロ）		427	645	1,110
提供座席キロ（百万座席キロ）		997	1,227	1,628
座席利用率（％）		42.8	52.6	68.2
有償貨物重量	貨　　物	4,402	4,963	4,101
（トン）	超過手荷物	29	34	43
	郵　　便	177	148	87
有償トンキロ	旅　　客	32,054	47,375	83,304
（千トンキロ）	貨　　物	4,014	4,504	3,665
	超過手荷物	26	31	39
	郵　　便	146	113	65
	合　　計	36,240	52,023	87,073
有効トンキロ（千トンキロ）		200,252	232,628	288,419
有償重量利用率（％）		18.0	22.3	30.1

出典：スターフライヤー資料

資本金

単位：百万円

年　度	資本金（期末）	備　考
2005	4,312	
2007	5,833	第三者割当増資
2010	1,000	資本金減額
2011	1,250	公募増資、第三者割当増資
2018	1,250	
2019	1,250	
2020	1,250	種類株式及び新株予約権発行による増資、その他資本剰余金への振替えによる減資
2021	1,393	2022年3月10日　新株予約権行使による増加
2022	####	

出典：スターフライヤー資料

8．アイベックスエアラインズ

収支状況

年　　　度	営業収入	うち旅客収入	営業費用
2020	14,726	14,712	15,350
2021	14,799	14,782	16,219
2022	17,569	17,524	17,263

出典：アイベックスエアラインズ資料

運航状況

路　　　線	便数(往復/日)	路　　　線	便数(往復/日)
仙　台 ― 札　幌＊	3	中　部 ― 鹿児島＊	1
仙　台 ― 中　部＊	2	伊　丹 ― 福　島＊	2
仙　台 ― 伊　丹＊	2	伊　丹 ― 新　潟＊	2
仙　台 ― 広　島＊	2	伊　丹 ― 福　岡＊	1
仙　台 ― 福　岡＊	5	伊　丹 ― 大　分＊	1
中　部 ― 松　山＊	1	伊　丹 ― 鹿児島＊	1
中　部 ― 福　岡＊	1	福　岡 ― 新　潟＊	2
中　部 ― 大　分＊	2		

出典：2022年3月27日～2023年3月25日　時刻表
注 ：＊ANAとのコードシェア便
　　　運航計画便数（申請ベース）

航空機保有状況

(機)

機　　種	2020	2021	2022
CRJ-700NG型	10	10	9

出典：アイベックスエアラインズ資料
注 ：各年度3月31日現在の使用機数

従業員数

(人)

年　　　度	2020	2021	2022
地上職員	199	200	195
客室乗務員	80	87	78
運航乗務員	97	93	81
（整備従事者）	(104)	(107)	(105)
合　　　計	376	380	354

出典：アイベックスエアラインズ資料
注 ：各年度3月31日現在従業員数

営業利益	営業外収入	営業外費用	経常利益
-624	114	121	-631
-1,420	279	78	-1,219
306	420	87	638

輸送実績

項　目　／　年　度			2020	2021	2022
運航回数			17,849	20,895	20,111
飛行距離(千キロ)			14,431	17,518	16,569
飛行時間(時間)			22,741	27,333	26,112
有償旅客数			572,855	774,685	982,218
有償旅客キロ（千人キロ）			461,422	644,291	818,002
有効座席キロ（千座席キロ）			1,010,085	1,226,270	1,160,003
有償座席利用率（％）			47.6	52.5	69.8
有償貨物重量	貨　　物		0	0	0
	郵　　便		0	0	0
有償トンキロ	旅　　客		34,607	48,321	61,350
（千トンキロ）	貨　　物		0	0	0
	超過手荷物		0	0	0
	郵　　便		0	0	0
	合　　計		34,607	48,321	61,350
有効トンキロ（千トンキロ）			104,380	126,708	119,844
有償重量利用率（％）			33.1	38.1	51.2

出典：アイベックスエアラインズ資料
注　：距離は運航距離を使用している

資本金

単位：百万円

年　度	資本金（期末）	備　　考
2019	4,200	
2020	100	
2021	100	
2022	100	2023年3月現在

出典：アイベックスエアラインズ資料

9．オリエンタルエアブリッジ

収支状況

年　　度	営業収入	うち旅客収入	営業費用
2020	4,712	4,392	5,574
2021	4,794	4,481	6,000
2022	5,680	5,201	7,381

出典：オリエンタルエアブリッジ資料

運航状況

路　　　線	便数(往復/日)	路　　　線	便数(往復/日)
長　崎 ― 壱　岐	2	福　岡 ― 福　江	2
長　崎 ― 福　江	2	福　岡 ― 小　松	2
長　崎 ― 対　馬	3～4	福　岡 ― 対　馬	2
福　岡 ― 宮　崎	5		

出典：2023年1月1日～3月25日時刻表
注　：運航計画便数（申請ベース）

航空機保有状況

(機)

機　　種	2020	2021	2022
DHC8-201	2	3	2
DHC8-400	3(2)	3(3)	3(3)
ATR42-600	―	―	1

出典：オリエンタルエアブリッジ資料
注　：（　）は賃借機数を内数で記載
　　　各年度3月1日現在の機数

従業員数

(人)

年　　度	2020	2021	2022
地上職員	88	115	110
客室乗務員	41	44	47
運航乗務員	58	51	62
(整備従事者)	(20)	(20)	(29)
総　　計	187	210	219

出典：オリエンタルエアブリッジ資料　各年度3月31日時点の従業員数
注　：役員、顧問、社外への出向者、派遣社員を含まない。　また「整備従事者」は国家資格保有者
　　　の人数による。

営業利益	営業外収入	営業外費用	経常利益
-862	5	66	-61
-1,206	13	59	-46
-1,701	18	108	-90

輸送実績

項　目　／　年　度		2020	2021	2022
運航回数		11,524	11,920	12,529
飛行距離（千キロ）		3,374	3,334	3,611
飛行時間（時間）		7,761	8,009	8,853
有償旅客数		297,742	330,075	490,685
有償旅客キロ（千人キロ）		91,218	100,574	151,921
有効座席キロ（千座席キロ）		224,557	218,564	245,627
有効座席利用率（％）		41.0	46.0	62.0
有償貨物重量	貨　物	235	207	196
（トン）	超過手荷物	10	11	14
	郵　便	3	3	3
有償トンキロ	旅　客	6,841	7,543	11,394
（千トンキロ）	貨　物	55	49	43
	超過手荷物	3	3	4
	郵　便	1	1	1
	合　計	6,900	7,596	11,442
有効トンキロ（千トンキロ）		21,396	20,719	23,757
有償重量利用率（％）		32.2	36.7	48.2

出典：オリエンタルエアブリッジ資料
注　：距離は運航距離を使用している

資本金

単位：百万円

年　度	資本金（期末）	備　考
2019	1,322	
2020	1,322	
2021	1,322	
2022	1,322	

出典：オリエンタルエアブリッジ資料

Ⅳ　日本・会社別統計

１０．東邦航空

収支状況

年　　　度	営業収入＊	うち旅客収入＊＊	営業費用
2020	4,061	140	4,171
2021	4,323	156	4,302
2022	4,904	166	4,750

出典：東邦航空資料

＊　：東京都からの伊豆ヘリコミューター助成金を含む

＊＊：東京愛らんどシャトルの収入のみ

運航状況

路　　　線	便数（往復/日）
八丈島　―　青ヶ島	1
八丈島　―　御蔵島	1
御蔵島　―　三宅島	1
三宅島　―　大　島	1
利　島　―　大　島	1

出典：2023年3月31日現在

　　　運航計画便数（申請ベース）

航空機保有状況

（機）

機　　種	2020	2021	2022
S76C＋（回転翼）	1	1	1
S76C＋＋（回転翼）	1	1	1
AW139（回転翼）	0	0	1

出典：東邦航空資料

注　：東京愛らんどシャトル対応機のみ

　　　各年度3月31日現在の使用機数

従業員数

（人）

年　　　度	2020	2021	2022
地上従業員	184	196	192
客室乗務員	0	0	0
運航乗務員	55	55	55
（整備従事者）	(107)	(114)	(114)
総　　　計	239	251	247

出典：東邦航空資料

注　：各年度3月31日時点の従業員数

営業利益	営業外収入	営業外費用	経常利益
-111	49	73	-134
21	72	61	33
154	49	72	131

輸送実績

項　目　/　年　度	2020	2021	2022
運航回数	3,152	3,228	3,121
飛行距離(千キロ)	184	188	183
飛行時間(時間)	899	920	892
有償旅客数	13,715	15,409	16,400
有償旅客キロ（千人キロ）	778	877	954
有効座席キロ（千座席キロ）	1,654	1,696	1,644
有償座席利用率（%）	48.1	51.7	58.0
有償貨物重量　　　　貨　　　物	0	0	0
（トン）　　　　　超過手荷物	60	63	62
郵　　　便	16	16	11
有償トンキロ　　　旅　　　客	64	66	72
（千トンキロ）　　貨　　　物	0	0	0
超過手荷物	3	4	3
郵　　　便	1	1	1
合　　　計	68	71	76
有効トンキロ（千トンキロ）	187	192	183
有償重量利用率（%）	36.2	37.2	38.3

出典：東邦航空資料
注　：東京愛らんどシャトルのみ
　　　距離は運航距離を使用している

資本金

年　度	資本金（期末）	備　　考
2019	180	
2020	180	
2021	180	
2022	180	

出典：東邦航空資料

Ⅳ 日本・会社別統計

１１．新中央航空

収支状況

年　　　度	営業収入	うち旅客収入	営業費用
2020	908	675	1,420
2021	1,119	892	1,553
2022	1,454	1,199	1,886

出典：新中央航空資料

運航状況

路　　　線	便数(往復/日)
調　布　—　新　島	4
調　布　—　大　島	2
調　布　—　神津島	3
調　布　—　三宅島	3

出典：2023年3月1日〜3月31日時刻表
注　：運航計画便数（申請ベース）

航空機保有状況

(機)

機　　　種	2020	2021	2022
Dornier228-212	5	5	6 (1)
Cessna 172P	4	4	4

出典：新中央航空資料
注　：（　）は賃借機数を内数で記載　　各年度3月31日現在の使用機数

従業員数

(人)

年　　　度	2020	2021	2022
地上職員	95	100	101
客室乗務員	…	…	…
運航乗務員	16	18	19
（整備従事者）	(25)	(30)	(32)
総　　　計	111	118	120

出典：新中央航空資料
注　：各年度1月1日時点の従業員数

単位：百万円

営業利益	営業外収入	営業外費用	経常利益
-512	34	18	-496
-434	12	17	-439
-432	12	29	-449

輸送実績

項　目　／　年　度		2020	2021	2022
運航回数		5,087	6,454	7,770
飛行距離（千キロ）		803	1,011	1,210
飛行時間（時間）		3,115	3,940	4,782
有償旅客数		53,247	70,660	95,493
有償旅客キロ（千人キロ）		8,415	11,160	14,978
有効座席キロ（千座席キロ）		15,253	19,206	23,002
有償座席利用率（％）		55.1	57.6	64.7
有償貨物重量	貨　　物	38	37	34
（トン）	超過手荷物	166	216	265
	郵　　便	0	0	0
有償トンキロ	旅　　客	564	748	1,004
（千トンキロ）	貨　　物	5	5	5
	超過手荷物	26	34	41
	郵　　便	0	0	0
	合　　計	595	787	1,050
有効トンキロ（千トンキロ）		1,240	1,561	1,870
有償重量利用率（％）		48.0	50.4	56.1

出典：新中央航空資料
注　：距離は運航距離を使用している

資本金

単位：百万円

年　度	資本金（期末）	備　　考
2019	180	
2020	180	
2021	180	
2022	180	

出典：新中央航空資料

１２． 天草エアライン

収支状況

年　　　度	営業収入	うち旅客収入	営業費用
2020	324	230	1,086
2021	497	367	1,381
2022	615	489	1,542

出典：天草エアライン資料

運航状況

路　　　線	便数(往復/日)
伊　丹　―　熊　本	1
天　草　―　福　岡	3
天　草　―　熊　本	1

出典：2023年4月1日現在
注　：運航計画便数（申請ベース）

航空機保有状況

(機)

機　　　種	2020	2021	2022
ATR42-600	1	1	1

出典：天草エアライン資料
注　：各年度3月31日現在の使用機数

従業員数

(人)

年　　　度	2020	2021	2022
地上職員	39	40	39
客室乗務員	3	2	4
運航乗務員	9	9	8
（整備従事者）	(9)	(9)	(9)
総　　　計	42	42	41

出典：天草エアライン資料
　　　各年度3月31日時点の従業員数
注　：地上職員、運航乗務員は他社からの出向者を含む。整備従事者は委託先（日本エア
　　　コミューター）の整備従事者も含む。

174

単位：百万円

営業利益	営業外収入	営業外費用	経常利益
-762	21	0	-741
-884	3	0	-881
-927	22	16	-921

輸送実績

項　目　／　年　度		2020	2021	2022
運航回数		2,587	3,075	3,096
飛行距離（千キロ）		721	868	874
飛行時間（時間）		1,761	1,737	2,221
有償旅客数		24,028	38,766	59,898
有償旅客キロ（千人キロ）		8,253	13,045	21,903
有効座席キロ（千座席キロ）		34,606	41,648	41,960
有償座席利用率（％）		19.3	26.3	40.3
有償貨物重量	貨　　物	0	0	0
（トン）	超過手荷物	0	0	0
	郵　　便	0	0	0
有償トンキロ	旅　　客	619	978	1,643
（千トンキロ）	貨　　物	0	0	0
	超過手荷物	0	0	0
	郵　　便	0	0	0
	合　　計	619	978	1,643
有効トンキロ（千トンキロ）		3,497	4,208	4,240
有償重量利用率（％）		17.7	23.2	38.8

出典：天草エアライン資料
注　：距離は運航距離を使用している

Ⅳ 日本・会社別統計

資本金

単位：百万円

年　度	資本金（期末）	備　　考
2019	499	
2020	499	
2021	499	
2022	499	

出典：天草エアライン資料

１３．フジドリームエアラインズ

収支状況

年　　度	営業収入	うち旅客収入	営業費用
2020	…	…	…
2021	…	…	…
2022	…	…	…

運航状況

路　　線	便数（往復／日）	路　　線	便数（往復／日）
静岡－丘珠	0〜1	小牧－新潟	2
静岡－新千歳	1	小牧－出雲	2
静岡－出雲	1	小牧－高知	1〜3
静岡－福岡	4	小牧－福岡	5
静岡－熊本	1	小牧－熊本	3
静岡－鹿児島	1	中部－高知	0〜2
松本－丘珠	0〜1	神戸－青森	1
松本－新千歳	1	神戸－花巻	1
松本－神戸	2	神戸－新潟	0〜1
松本－福岡	2	神戸－高知	1
小牧－丘珠	0〜2	新千歳－山形	1
小牧－青森	3	仙台－出雲	1
小牧－花巻	3〜4	福岡－新潟	1
小牧－山形	2		

出典：2023年3月　時刻表
注　：運航計画便数（申請ベース）

航空機保有状況

(機)

機　　種	2020	2021	2022
ERJ170	16　(13)	16　(16)	16　(16)

出典：フジドリームエアラインズ資料
注　：（　）は賃借機数を内数で記載
　　　各年度3月31日時点の使用機数

従業員数

(人)

年　　度	2020	2021	2022
地上職員	…	…	269
客室乗務員	…	…	131
運航乗務員	…	…	136
（整備従事者）	…	…	(60)
総　　計	519	540	536

出典：フジドリームエアラインズ資料
注　：各年度3月31日時点の従業員数

営業利益	営業外収入	営業外費用	経常利益
…	…	…	…
…	…	…	…
…	…	…	…

輸送実績

項　目　／　年　度	2020	2021	2022
運航回数	17,614	25,749	32,309
飛行距離（千キロ）	12,988	19,219	23,176
飛行時間（時間）	22,894	34,000	42,379
有償旅客数	562,070	891,814	1,571,547
有償旅客キロ（千人キロ）	420,382	673,901	1,142,857
有効座席キロ（千座席キロ）	1,073,745	1,583,690	1,909,228
有償座席利用率（％）	38.8	42.1	59.1
有償貨物重量　　　　貨　物	…	…	…
（トン）　　　　　超過手荷物	…	…	…
郵　便	…	…	…
有償トンキロ　　　旅　客	…	…	…
（千トンキロ）　　貨　物	…	…	…
超過手荷物	…	…	…
郵　便	…	…	…
合　計	…	…	…
有効トンキロ（千トンキロ）	…	…	…
有償重量利用率（％）	…	…	…

出典：フジドリームエアラインズ資料

注　：距離は運航距離

IV 日本・会社別統計

資本金

年　度	資本金（期末）	備　考
2020	100	
2021	100	
2022	100	

出典：フジドリームエアラインズ資料

V　観　　　光

V
観

光

１．各国・地域別　日本人訪問者数

出典：日本政府観光局（JNTO）資料

https://www.jnto.go.jp/statistics/data/pdf/since2016_visitor_arrivals_from_Japan_2021.pdf

　（2024/02/21現在）

２．国籍別訪日外客数

出典：日本政府観光局（JNTO）

https://www.jnto.go.jp/statistics/data/tourists_2022df.pdf

　（2024/02/21現在）

３．目的別訪日外客数

出典：日本政府観光局（JNTO）

https://www.jnto.go.jp/statistics/data/tourists_2022df.pdf

　（2024/02/21現在）

４．出国日本人数の推移

出典：日本政府観光局（JNTO）

https://www.jnto.go.jp/statistics/data/marketingdata_outbound_2022.pdf

　（2024/02/21現在）

５．地域別国際観光客数

出典：UNWTO, World Tourism Barometer

https://www.e-unwto.org/loi/wtobarometereng?expanded=d2020.v21

　（2024/02/21閲覧）

Ⅴ 観光

Ⅵ 資　　　料

1. ICAO 加盟国輸送実績順位の変遷

2. 主要航空会社一覧

1．ICAO加盟国輸送実績順位の変遷

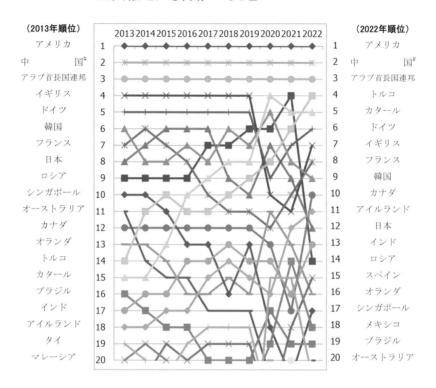

（2013年順位）

アメリカ	1
中　　　国#	2
アラブ首長国連邦	3
イギリス	4
ドイツ	5
韓国	6
フランス	7
日本	8
ロシア	9
シンガポール	10
オーストラリア	11
カナダ	12
オランダ	13
トルコ	14
カタール	15
ブラジル	16
インド	17
アイルランド	18
タイ	19
マレーシア	20

（2022年順位）

1	アメリカ
2	中　　　国#
3	アラブ首長国連邦
4	トルコ
5	カタール
6	ドイツ
7	イギリス
8	フランス
9	韓国
10	カナダ
11	アイルランド
12	日本
13	インド
14	ロシア
15	スペイン
16	オランダ
17	シンガポール
18	メキシコ
19	ブラジル
20	オーストラリア

出典：ICAO, Annual Report of the Council　（2024/03/25現在）
注　：定期輸送輸送実績（有償トンキロ）による順位。
＃　：出典資料において統計的な目的のために中国の統計値に香港特別行政区と
　　　マカオ特別行政区の輸送実績を含まない。

主要航空会社一覧

航　空　会　社　名	ICAO	IATA
Aegean Airlines	AEE	A3
Aer Lingus	EIN	EI
Aeroflot（アエロフロート・ロシア航空）	AFL	SU
Aerolineas Argentinas	ARG	AR
Aeromexico（アエロメヒコ）	AMX	AM
Africa World Airlines	AFW	AW
Air Algerie	DAH	AH
Air Arabia	AEE	A3
Air Austral	REU	UU
Aircalin（エアカラン）	ACI	SB
Air Canada（エア・カナダ）	ACA	AC
Air Changan	CGN	9H
Air China（中国国際航空）	CCA	CA
Air Europa	AEA	UX
Air France（エールフランス航空）	AFR	AF
Air Guilin	CGH	GT
Air Hong Kong（エアホンコン）	AHK	LD
Air India（エア・インディア）	AIC	AI
Air Japan（エアージャパン）	AJX	NQ
Air Koryo	KOR	JS
Air Macau（マカオ航空）	AMU	NX
Air Madagascar	MDG	MD
Air Malta	AMC	KM
Air Mauritius	MAU	MK
Air New Zealand（ニュージーランド航空）	ANZ	NZ
Air Niugini	ANG	PX
Air Seoul（エアソウル）	ASV	RS
Air Tahiti	VTA	VT
Air Tahiti Nui　（エア タヒチ ヌイ）	THT	TN
Air Tanzania	ATC	TC
Air Vanuatu	AVN	NF
AirAsia	AXM	AK
AirAsia X（エアアジアX）	XAX	D7
AirBridgeCargo Airlines（エアブリッジカーゴ航空）	ABW	RU
Airdo（AIRDO）	ADO	HD
Airlink	LNK	4Z
Alaska Airlines（アラスカ航空）	ASA	AS
All Nippon Airways（全日本空輸）	ANA	NH
American Airlines（アメリカン航空）	AAL	AA
ANA Wings（ANAウィングス）	AKX	EH
Arkia Israeli Airlines	A12	IZ
Asiana Airlines（アシアナ航空）	AAR	OZ

航　空　会　社　名	ICAO	IATA
Atlantic Airways	FLI	RC
Atlas Air（アトラスエア）	GTI	5Y
Aurora Airlines（オーロラ航空）	SHU	HZ
Austrian　（オーストリア航空）	AUA	OS
Avianca	AVA	AV
Avianca Costa Rica	LRC	LR
Azul Brazilian Airlines	AZU	AD
Bamboo Airways（バンブーアウェイズ）	BAV	QH
Bangkok Airways（バンコクエアウェイズ）	BKP	PG
Batik Air	BTK	ID
Batik Air Malaysia	MXD	OD
Biman Bangladesh Airlines（ビーマンバクグラデシュ航空）	BBC	BG
British Airways（ブリティッシュ・エアウェイズ）	BAW	BA
Brussels Airlines	BEL	SN
Cambodia Angkor Air	KHV	K6
Capital Airlines（北京首都航空）	CBJ	JD
Cargolux（カーゴルックス航空）	CLX	CV
Cathay Pacific（キャセイパシフィック航空）	CPA	CX
Cebu Pacific（セブパシフィック航空）	CEB	5J
China Airlines（チャイナエアライン）	CAL	CI
China Cargo Airlines（中国貨運航空）	CKK	CK
China Eastern（中国東方航空）	CES	MU
China Express Airlines	HXA	G5
China Postal Airlines（中国貨運郵政航空）	CYZ	CF
China Southern Airlines（中国南方航空）	CSN	CZ
Condor	CFG	DE
COPA Airlines	CMP	CM
Cubana	CUB	CU
Cyprus Airways	CYP	CY
Czech Airlines	CSA	OK
Delta Air Lines（デルタ航空）	DAL	DL
DHL Aviation	DHX	ES
easyJet	EZY	U2
Egyptair（エジプトエアー）	MSR	MS
EL AL	ELY	LY
Emirates（エミレーツ航空）	UAE	EK
Ethiopian Airlines（エチオピア航空）	ETH	ET
Etihad Airways（エティハド航空）	ETD	EY
Eurowings	EWG	EW
EVA Air（エバー航空）	EVA	BR
FedEx Express（フェデックス）	FDX	FX
Fiji Airways（フィジーエアウェイズ）	FJI	FJ

航　空　会　社　名	ICAO	IATA
Finnair（フィンエアー）	FIN	AY
Fuji Dream Airlines（フジドリームエアラインズ）	FDA	JH
Fuzhou Airlines	FZA	FU
Garuda Indonesia（ガルーダ・インドネシア航空）	GIA	GA
Gulf Air	GFA	GF
GX Airlines	CBG	GX
Hainan Airlines（海南航空）	CHH	HU
Hawaiian Airlines（ハワイアン航空）	HAL	HA
Hebei Airlines	HBH	NS
Hong Kong Airlines （香港航空）	CRK	HX
Hong Kong Express Airways（香港エクスプレス航空）	HKE	UO
IBERIA（イベリア航空）	IBE	IB
IBEX Airlines（アイベックスエアラインズ）	IBX	FW
Icelandair	ICE	FI
IndiGo	IGO	6E
Iran Air	IRA	IR
ITA Airways	ITY	AZ
ITA Airways	ITY	AZ
Japan Air Commuter（日本エアコミューター）	JAC	JC
Japan Airlines（日本航空）	JAL	JL
Japan Transocean Air（日本トランスオーシャン）	JTA	NU
Jeju Air（済州航空）	JJA	7C
JetBlue	JBU	B6
JetStar Airways（ジェットスター航空）	JST	JQ
JetStar Japan	JJP	GK
Jin Air（ジンエアー）	JNA	LJ
Juneyao Airlines（上海吉祥航空）	DKH	HO
Kenya Airways	KQA	KQ
KLM（KLMオランダ航空）	KLM	KL
Korean Air（大韓航空）	KAL	KE
Kunming Airlines	KNA	KY
Kuwait Airways	KAC	KU
LAM	LAM	TM
Lao Airlines	LAO	QV
LATAM Airlines Brasil（LATAMブラジル）	TAM	JJ
LATAM Airlines Group（LATAM航空）	LAN	LA
Libyan Airlines	LAA	LN
Lion Air	LNI	JT
Loong Air（長竜航空）	CDC	GJ
LOT Polish Airlines（LOTポーランド航空）	LOT	LO
Lucky Air	LKE	8L
Lufthansa（ルフトハンザドイツ航空）	DLH	LH

VI
資
料

航 空 会 社 名	ICAO	IATA
Lufthansa Cargo（ルフトハンザカーゴ）	GEC	LH
Luxair	LGL	LG
Malaysia Airlines（マレーシア航空）	MAS	MH
Mandarin Airlines（マンダリン航空）	MDA	AE
MEA	MEA	ME
MIAT Mongolian Airlines（MIATモンゴル航空）	MGL	OM
Myanmar Airways International	MMA	8M
Neos	NOS	NO
Nepal Airlines（ネパール航空）	RNA	RA
Nesma Airlines	NMA	NE
Nippon Cargo Airlines（日本貨物航空）	NCA	KZ
Okay Airways（奥凱航空）	OKA	BK
Olympic Air	OAL	OA
Oman Air	OMA	WY
Pakistan International Airlines	PIA	PK
Peach Aviation（ピーチアビエーション）	APJ	MM
Pegasus Airlines	PGT	PC
PGA-Portugalia Airlines	PGA	NI
Philippine Airlines（フィリピン航空）	PAL	PR
Polar Air Cargo（ポーラーエアカーゴ）	PAC	PO
Privilege Style	PVG	P6
Qantas（カンタス航空）	QFA	QF
Qatar Airways（カタール航空）	QTR	QR
Royal Air Maroc	RAM	AT
Royal Brunei（ロイヤルブルネイ航空）	RBA	BI
Royal Jordanian	RJA	RJ
Ruili Airlines	RLH	DR
RwandAir	RWD	WB
Ryanair	RYR	FR
S7 Airlines（シベリア航空）	SBI	S7
SAS（スカンジナビア航空）	SAS	SK
Saudi Arabian Airlines（サウジアラビア航空）	SVA	SV
Scoot（スクート）	TGW	TR
SF Airlines（順豊航空）	CSS	O3
Shandong Airlines（山東航空）	CDG	SC
Shanghai Airlines（上海航空）	CSH	FM
Shenzhen Airlines（深圳航空）	CSZ	ZH
Sichuan Airlines（四川航空）	CSC	3U
Silk Way West Airlines（シルクウェイウエスト航空）	AZG	7L
Singapore Airlines（シンガポール航空）	SIA	SQ
Skymark Airlines（スカイマーク）	SKY	BC
Solaseed Air（ソラシドエア）	SNJ	6J

航　空　会　社　名	ICAO	IATA
South African Airways	SAA	SA
Southwest Airlines	SWA	WN
SpiceJet	SEJ	SG
Spirit Airlines	NKS	NK
Spring Airlines（春秋航空）	CQH	9C
Spring Japan（スプリング・ジャパン）	SJO	IJ
SriLankan Airlines（スリランカ航空）	ALK	UL
Star Flyer（スターフライヤー）	SFJ	7G
Starlux Airlines（スターラックス航空）	SJX	JX
Suparna Airlines（金鵬航空）	YZR	Y8
SWISS（スイスインターナショナルエアラインズ）	SWR	LX
Syrianair	SYR	RB
TAAG Angola Airlines	DTA	DT
TACA	TAI	TA
TAP Portugal	TAP	TP
TAROM	ROT	RO
Thai Airways International（タイ国際航空）	THA	TG
Thai Lion Air（タイ・ライオン航空）	TLM	SL
Tunisair	TAR	TU
Turkish Airlines（ターキッシュエアラインズ）	THY	TK
T'way Air（ティーウェイ航空）	TWB	TW
UNI AIR	UIA	B7
United Airlines（ユナイテッド航空）	UAL	UA
UPS Airlines（ユナイテッド・パーセル・サービス）	UPS	5X
Urumqi Air	CUH	UQ
Uzbekistan Airways（ウズベキスタン航空）	UZB	HY
Vietjet（ベトジェットエア）	VJC	VJ
Vietnam Airlines（ベトナム航空）	HVN	VN
Virgin Atlantic	VIR	VS
Virgin Australia	VOZ	VA
Vistara（ヴィスタラ）	VTI	UK
Vueling	VLG	VY
West Air	CHB	PN
WestJet	WJA	WS
Widerøe	WIF	WF
Xiamen Airlines（厦門航空）	CXA	MF
ZIPAIR Tokyo（ZIPAIR Tokyo）	TZP	ZG

出典：Airline and Location Code Search, IATA
https://www.iata.org/en/publications/directories/code （2024/04/01現在）
Current Airline Members, IATA
https://www.iata.org/en/about/members/airline-list/ （2024/04/01現在）
一部にAviation Codes Central
https://www.avcodes.co.uk/ （2024/04/01現在）をもとに作成。

（表2）ICAOコード配列

ICAO	IATA	航 空 会 社 名	ICAO	IATA	航 空 会 社 名
A12	IZ	Arkia Israeli Airlines	CBG	GX	GX Airlines
AAL	AA	American Airlines	CBJ	JD	Capital Airlines
AAR	OZ	Asiana Airlines	CCA	CA	Air China
ABW	RU	AirBridgeCargo Airlines	CDC	GJ	Loong Air
ACA	AC	Air Canada	CDG	SC	Shandong Airlines
ACI	SB	Aircalin	CEB	5J	Cebu Pacific
ADO	HD	AIRDO	CES	MU	China Eastern
AEA	UX	Air Europa	CFG	DE	Condor
AEE	A3	Aegean Airlines	CGH	GT	Air Guilin
AEE	A3	Air Arabia	CGN	9H	Air Changan
AFL	SU	Aeroflot	CHB	PN	West Air
AFR	AF	Air France	CHH	HU	Hainan Airlines
AFW	AW	Africa World Airlines	CKK	CK	China Cargo Airlines
AHK	LD	Air Hong Kong	CLX	CV	Cargolux
AIC	AI	Air India	CMP	CM	COPA Airlines
AJX	NQ	Air Japan	CPA	CX	Cathay Pacific
AKX	EH	ANA Wings	CQH	9C	Spring Airlines
ALK	UL	SriLankan Airlines	CRK	HX	Hong Kong Airlines
AMC	KM	Air Malta	CSA	OK	Czech Airlines
AMU	NX	Air Macau	CSC	3U	Sichuan Airlines
AMX	AM	Aeromexico	CSH	FM	Shanghai Airline
ANA	NH	All Nippon Airways	CSN	CZ	China Southern Airlines
ANG	PX	Air Niugini	CSS	O3	SF Airlines
ANZ	NZ	Air New Zealand	CSZ	ZH	Shenzhen Airlines
APJ	MM	Peach Aviation	CUB	CU	Cubana
ARG	AR	Aerolineas Argentinas	CUH	UQ	Urumqi Air
ASA	AS	Alaska Airlines	CXA	MF	Xiamen Airlines
ASV	RS	Air Seoul	CYP	CY	Cyprus Airways
ATC	TC	Air Tanzania	CYZ	CF	China Postal Airlines
AUA	OS	Austrian	DAH	AH	Air Algerie
AVA	AV	Avianca	DAL	DL	Delta Air Lines
AVN	NF	Air Vanuatu	DHX	ES	DHL Aviation
AXM	AK	AirAsia	DKH	HO	Juneyao Airlines
AZG	7L	Silk Way West Airlines	DLH	LH	Lufthansa
AZU	AD	Azul Brazilian Airlines	DTA	DT	TAAG Angola Airlines
BAV	QH	Bamboo Airways	EIN	EI	Aer Lingus
BAW	BA	British Airways	ELY	LY	EL AL
BBC	BG	Biman Bangladesh Airlines	ETD	EY	Etihad Airways
BEL	SN	Brussels Airlines	ETH	ET	Ethiopian Airlines
BKP	PG	Bangkok Airways	EVA	BR	EVA Air
BTK	ID	Batik Air	EWG	EW	Eurowings
CAL	CI	China Airlines	EZY	U2	easyJet

（表2）ICAOコード配列

ICAO	IATA	航 空 会 社 名	ICAO	IATA	航 空 会 社 名
FDA	JH	Fuji Dream Airlines	LKE	8L	Lucky Air
FDX	FX	FedEx Express	LNI	JT	Lion Air
FIN	AY	Finnair	LNK	4Z	Airlink
FJI	FJ	Fiji Airways	LOT	LO	LOT Polish Airlines
FLI	RC	Atlantic Airways	LRC	LR	Avianca Costa Rica
FZA	FU	Fuzhou Airlines	MAS	MH	Malaysia Airlines
GEC	LH	Lufthansa Cargo	MAU	MK	Air Mauritius
GFA	GF	Gulf Air	MDA	AE	Mandarin Airlines
GIA	GA	Garuda Indonesia	MDG	MD	Air Madagascar
GTI	5Y	Atlas Air	MEA	ME	MEA
HAL	HA	Hawaiian Airlines	MGL	OM	MIAT Mongolian Airlines
HBH	NS	Hebei Airlines	MMA	8M	Myanmar Airways International
HKE	UO	Hong Kong Express Airways	MSR	MS	Egyptair
HVN	VN	Vietnam Airlines	MXD	OD	Batik Air Malaysia
HXA	G5	China Express Airlines	NCA	KZ	Nippon Cargo Airlines
IBE	IB	IBERIA	NKS	NK	Spirit Airlines
IBX	FW	IBEX Airlines	NMA	NE	Nesma Airlines
ICE	FI	Icelandair	NOS	NO	Neos
IGO	6E	IndiGo	OAL	OA	Olympic Air
IRA	IR	Iran Air	OKA	BK	Okay Airways
ITY	AZ	ITA Airways	OMA	WY	Oman Air
ITY	AZ	ITA Airways	PAC	PO	Polar Air Cargo
JAC	JC	Japan Air Commuter	PAL	PR	Philippine Airlines
JAL	JL	Japan Airlines	PGA	NI	PGA-Portugalia Airlines
JBU	B6	JetBlue	PGT	PC	Pegasus Airlines
JJA	7C	Jeju Air	PIA	PK	Pakistan International Airlines
JJP	GK	JetStar Japan	PVG	P6	Privilege Style
JNA	LJ	Jin Air	QFA	QF	Qantas
JST	JQ	JetStar Airways	QTR	QR	Qatar Airways
JTA	NU	Japan Transocean Air	RAM	AT	Royal Air Maroc
KAC	KU	Kuwait Airways	RBA	BI	Royal Brunei
KAL	KE	Korean Air	REU	UU	Air Austral
KHV	K6	Cambodia Angkor Air	RJA	RJ	Royal Jordanian
KLM	KL	KLM	RLH	DR	Ruili Airlines
KNA	KY	Kunming Airlines	RNA	RA	Nepal Airlines
KOR	JS	Air Koryo	ROT	RO	TAROM
KQA	KQ	Kenya Airways	RWD	WB	RwandAir
LAA	LN	Libyan Airlines	RYR	FR	Ryanair
LAM	TM	LAM	SAA	SA	South African Airways
LAN	LA	LATAM Airlines Group	SAS	SK	SAS
LAO	QV	Lao Airlines	SBI	S7	S7 Airlines
LGL	LG	Luxair	SEJ	SG	SpiceJet

VI
資
料

191

（表2）ICAOコード配列

ICAO	IATA	航 空 会 社 名
SFJ	7G	Star Flyer
SHU	HZ	Aurora Airlines
SIA	SQ	Singapore Airlines
SJO	IJ	Spring Japan
SJX	JX	Starlux Airlines
SKY	BC	Skymark Airlines
SNJ	6J	Solaseed Air
SVA	SV	Saudi Arabian Airlines
SWA	WN	Southwest Airlines
SWR	LX	SWISS
SYR	RB	Syrianair
TAI	TA	TACA
TAM	JJ	LATAM Airlines Brasil
TAP	TP	TAP Portugal
TAR	TU	Tunisair
TGW	TR	Scoot
THA	TG	Thai Airways International
THT	TN	Air Tahiti Nui
THY	TK	Turkish Airlines
TLM	SL	Thai Lion Air
TWB	TW	T'way Air
TZP	ZG	ZIPAIR Tokyo
UAE	EK	Emirates
UAL	UA	United Airlines
UIA	B7	UNI AIR
UPS	5X	UPS Airlines
UZB	HY	Uzbekistan Airways
VIR	VS	Virgin Atlantic
VJC	VJ	Vietjet
VLG	VY	Vueling
VOZ	VA	Virgin Australia
VTA	VT	Air Tahiti
VTI	UK	Vistara
WIF	WF	Widerøe
WJA	WS	WestJet
XAX	D7	AirAsia X
YZR	Y8	Suparna Airlines

（表3）IATAコード配列

IATA	ICAO
3U	CSC
4Z	LNK
5J	CEB
5X	UPS
5Y	GTI
6E	IGO
6J	SNJ
7C	JJA
7G	SFJ
7L	AZG
8L	LKE
8M	MMA
9C	CQH
9H	CGN
A3	AEE
A3	AEE
AA	AAL
AC	ACA
AD	AZU
AE	MDA
AF	AFR
AH	DAH
AI	AIC
AK	AXM
AM	AMX
AR	ARG
AS	ASA
AT	RAM
AV	AVA
AW	AFW
AY	FIN
AZ	ITY
AZ	ITY
B6	JBU
B7	UIA
BA	BAW
BC	SKY
BG	BBC
BI	RBA
BK	OKA
BR	EVA
CA	CCA

IATA	ICAO
CF	CYZ
CI	CAL
CK	CKK
CM	CMP
CU	CUB
CV	CLX
CX	CPA
CY	CYP
CZ	CSN
D7	XAX
DE	CFG
DL	DAL
DR	RLH
DT	DTA
EH	AKX
EI	EIN
EK	UAE
ES	DHX
ET	ETH
EW	EWG
EY	ETD
FI	ICE
FJ	FJI
FM	CSH
FR	RYR
FU	FZA
FW	IBX
FX	FDX
G5	HXA
GA	GIA
GF	GFA
GJ	CDC
GK	JJP
GT	CGH
GX	CBG
HA	HAL
HD	ADO
HO	DKH
HU	CHH
HX	CRK
HY	UZB
HZ	SHU

IATA	ICAO	IATA	ICAO	IATA	ICAO
IB	IBE	NF	AVN	SL	TLM
ID	BTK	NH	ANA	SN	BEL
IJ	SJO	NI	PGA	SQ	SIA
IR	IRA	NK	NKS	SU	AFL
IZ	A12	NO	NOS	SV	SVA
JC	JAC	NQ	AJX	TA	TAI
JD	CBJ	NS	HBH	TC	ATC
JH	FDA	NU	JTA	TG	THA
JJ	TAM	NX	AMU	TK	THY
JL	JAL	NZ	ANZ	TM	LAM
JQ	JST	O3	CSS	TN	THT
JS	KOR	OA	OAL	TP	TAP
JT	LNI	OD	MXD	TR	TGW
JX	SJX	OK	CSA	TU	TAR
K6	KHV	OM	MGL	TW	TWB
KE	KAL	OS	AUA	U2	EZY
KL	KLM	OZ	AAR	UA	UAL
KM	AMC	P6	PVG	UK	VTI
KQ	KQA	PC	PGT	UL	ALK
KU	KAC	PG	BKP	UO	HKE
KY	KNA	PK	PIA	UQ	CUH
KZ	NCA	PN	CHB	UU	REU
LA	LAN	PO	PAC	UX	AEA
LD	AHK	PR	PAL	VA	VOZ
LG	LGL	PX	ANG	VJ	VJC
LH	DLH	QF	QFA	VN	HVN
LH	GEC	QH	BAV	VS	VIR
LJ	JNA	QR	QTR	VT	VTA
LN	LAA	QV	LAO	VY	VLG
LO	LOT	RA	RNA	WB	RWD
LR	LRC	RB	SYR	WF	WIF
LX	SWR	RC	FLI	WN	SWA
LY	ELY	RJ	RJA	WS	WJA
MD	MDG	RO	ROT	WY	OMA
ME	MEA	RS	ASV	Y8	YZR
MF	CXA	RU	ABW	ZG	TZP
MH	MAS	S7	SBI	ZH	CSZ
MK	MAU	SA	SAA		
MM	APJ	SB	ACI		
MS	MSR	SC	CDG		
MU	CES	SG	SEJ		
NE	NMA	SK	SAS		

193

VI
資
料